EXLIBRIS

El último lector

Ricardo Piglia

El último lector

EDITORIAL ANAGRAMA
BARCELONA

Diseño de la colección:
Julio Vivas
Ilustración: foto © Bettmann / CORBIS

© EDITORIAL ANAGRAMA, S. A., 2005
   Pedró de la Creu, 58
   08034 Barcelona

ISBN: 84-339-6877-7
Depósito Legal: B. 13729-2005

Printed in Spain

Liberduplex, S. L., Constitució, 19, 08014 Barcelona

A Arcadio Díaz-Quiñones

I sometimes sit beneath a tree
And read my own sweet songs;
Though naught they may to others be,
Each humble line prolongs
A tone that might have passed away,
But for that scarce remembered lay.

OLIVER WENDELL HOLMES,
The Last Reader

PRÓLOGO

Varias veces me hablaron del hombre que en una casa del barrio de Flores esconde la réplica de una ciudad en la que trabaja desde hace años. La ha construido con materiales mínimos y en una escala tan reducida que podemos verla de una sola vez, próxima y múltiple y como distante en la suave claridad del alba.

Siempre está lejos la ciudad y esa sensación de lejanía desde tan cerca es inolvidable. Se ven los edificios y las plazas y las avenidas y se ve el suburbio que declina hacia el oeste hasta perderse en el campo.

No es un mapa, ni una maqueta, es una máquina sinóptica; toda la ciudad está ahí, concentrada en sí misma, reducida a su esencia. La ciudad es Buenos Aires pero modificada y alterada por la locura y la visión microscópica del constructor.

El hombre dice llamarse Russell y es fotógrafo, o se gana la vida como fotógrafo, y tiene su laboratorio en la calle Bacacay y pasa meses sin salir de su casa reconstruyendo periódicamente los barrios del sur que la crecida del río arrasa y hunde cada vez que llega el otoño.

Russell cree que la ciudad real depende de su réplica y

por eso está loco. Mejor dicho, por eso no es un simple fotógrafo. Ha alterado las relaciones de representación, de modo que la ciudad real es la que esconde en su casa y la otra es sólo un espejismo o un recuerdo.

La planta sigue el trazado de la ciudad geométrica imaginada por Juan de Garay cuando fundó Buenos Aires con las ampliaciones y las modificaciones que la historia le ha impuesto a la remota estructura rectangular. Entre las barrancas que se ven desde el río y los altos edificios que forman una muralla en la frontera norte persisten los rastros del viejo Buenos Aires, con sus tranquilos barrios arbolados y sus potreros de pasto seco.

El hombre ha imaginado una ciudad perdida en la memoria y la ha repetido tal como la recuerda. Lo real no es el objeto de la representación sino el espacio donde un mundo fantástico tiene lugar.

La construcción sólo puede ser visitada por un espectador por vez. Esa actitud incomprensible para todos es, sin embargo, clara para mí: el fotógrafo reproduce, en la contemplación de la ciudad, el acto de leer. El que la contempla es un lector y por lo tanto debe estar solo. Esa aspiración a la intimidad y al aislamiento explica el secreto que ha rodeado su proyecto hasta hoy.

La lectura, decía Ezra Pound, es un arte de la réplica. A veces los lectores viven en un mundo paralelo y a veces imaginan que ese mundo entra en la realidad. Es fácil imaginar al fotógrafo iluminado por la luz roja de su laboratorio que en el silencio de la noche piensa que su máquina sinóptica es una cifra secreta del destino y que lo que se altera en su ciudad se reproduce luego en los barrios y en las calles de Buenos Aires, pero amplificado y siniestro. Las modificaciones y los desgastes que sufre la réplica —los pequeños derrumbes y las lluvias que anegan los barrios bajos– se hacen reales en Buenos Aires bajo la forma de breves catástrofes y de accidentes inexplicables.

La ciudad trata entonces sobre réplicas y representaciones, sobre la lectura y la percepción solitaria, sobre la presencia de lo que se ha perdido. En definitiva trata sobre el modo de hacer visible lo invisible y fijar las imágenes nítidas que ya no vemos pero que insisten todavía como fantasmas y viven entre nosotros.

Esta obra privada y clandestina, construida pacientemente en un altillo de una casa en Buenos Aires, se vincula, en secreto, con ciertas tradiciones de la literatura en el Río de la Plata; para el fotógrafo de Flores, como para Onetti o para Felisberto Hernández, la tensión entre objeto real y objeto imaginario no existe, todo es real, todo está ahí y uno se mueve entre los parques y las calles, deslumbrado por una presencia siempre distante.

La diminuta ciudad es como una moneda griega hundida en el lecho de un río que brilla bajo la última luz de la tarde. No representa nada, salvo lo que se ha perdido. Está ahí, fechada pero fuera del tiempo, y posee la condición del arte, se desgasta, no envejece, ha sido hecha como un objeto precioso que rige el intercambio y la riqueza.

He recordado en estos días las páginas que Claude Lévi-Strauss escribió en *La pensèe sauvage* sobre la obra de arte como modelo reducido. La realidad trabaja a escala real, *tandis que l'art travaille à l'échelle réduit.* El arte es una forma sintética del universo, un microcosmos que reproduce la especificidad del mundo. La moneda griega es un modelo en escala de toda una economía y de toda una civilización y a la vez es sólo un objeto extraviado que brilla al atardecer en la transparencia del agua.

13

Hace unos días me decidí por fin a visitar el estudio del fotógrafo de Flores. Era una tarde clara de primavera y las magnolias empezaban a florecer. Me detuve frente a la alta puerta cancel y toqué el timbre que sonó a lo lejos, en el fondo del pasillo que se adivinaba del otro lado.

Al rato un hombre enjuto y tranquilo, de ojos grises y barba gris, vestido con un delantal de cuero, abrió la puerta. Con extrema amabilidad y en voz baja, casi en un susurro donde se percibía el tono áspero de una lengua extranjera, me saludó y me hizo entrar.

La casa tenía un zaguán que daba a un patio y al final del patio estaba el estudio. Era un amplio galpón con un techo a dos aguas y en su interior se amontonaban mesas, mapas, máquinas y extrañas herramientas de metal y de vidrio. Fotografías de la ciudad y dibujos de formas inciertas abundaban en las paredes. Russell encendió las luces y me invitó a sentar. En sus ojos de cejas tupidas ardía un destello malicioso. Sonrió y yo entonces le di la vieja moneda que había traído para él.

La miró de cerca con atención y luego la alejó de su vista y movió la mano para sentir el peso leve del metal.

—Un *dracma* –dijo–. Para los griegos era un objeto a la vez trivial y mágico... La *ousia*, la palabra que designaba el ser, la sustancia, significaba igualmente la riqueza, el dinero. –Hizo una pausa–. Una moneda era un mínimo oráculo privado y en las encrucijadas de la vida se la arrojaba al aire para saber qué decidir. El destino está en la esfinge de una moneda. –La lanzó al aire y la atrapó y la cubrió con la palma de la mano. La miró–. Todo irá bien.

Se levantó y señaló a un costado. El plano de una ciudad se destacaba entre los dibujos y las máquinas.

—Un mapa –dijo– es una síntesis de la realidad, un espejo que nos guía en la confusión de la vida. Hay que sa-

14

ber leer entre líneas para encontrar el camino. Fíjese. Si uno estudia el mapa del lugar donde vive, primero tiene que encontrar el sitio donde está al mirar el mapa. Aquí, por ejemplo, está mi casa. Ésta es la calle Puan, ésta es la avenida Rivadavia. Usted ahora está aquí. –Hizo una cruz–. Es éste. –Sonrió. Hubo un silencio. Lejos se oyó el grito repetido de un pájaro.

Russell pareció despertar y recordó que yo le había traído la moneda griega y la sostuvo otra vez en la palma de la mano abierta.

–¿La hizo usted? –Me miró con un gesto de complicidad–. Si es falsa, entonces es perfecta –dijo y luego con la lupa estudió las líneas sutiles y las nervaduras del metal–. No es falsa, ¿ve? –Se veían leves marcas hechas con un cuchillo o con una piedra–. Y aquí –me dijo– alguien ha mordido la moneda para probar que era legítima. Un campesino, quizá, o un soldado.

Puso la moneda sobre una placa de vidrio y la observó bajo la luz cruda de una lámpara azul y después instaló una cámara antigua sobre un trípode y empezó a fotografiarla. Cambió varias veces la lente y el tiempo de exposición para reproducir con mayor nitidez las imágenes grabadas en la moneda.

Mientras trabajaba se olvidó de mí.

Anduve por la sala observando los dibujos y las máquinas y las galerías que se abrían a un costado hasta que en el fondo vi la escalera que daba al altillo. Era circular y era de fierro y ascendía hasta perderse en lo alto. Subí tanteando en la penumbra, sin mirar abajo. Me sostuve de la oscura baranda y sentí que los escalones eran irregulares e inciertos.

Cuando llegué arriba me cegó la luz. El altillo era cir-

cular y el techo era de vidrio. Una claridad nítida inunda-
ba el lugar.

Vi una puerta y un catre, vi un Cristo en la pared del
fondo y en el centro del cuarto, distante y cercana, vi la
ciudad y lo que vi era más real que la realidad, más indefi-
nido y más puro. La construcción estaba ahí, como fuera del tiempo.
Tenía un centro pero no tenía fin. En ciertas zonas de las
afueras, casi en el borde, empezaban las ruinas. En los
confines, del otro lado, fluía el río que llevaba al delta y a
las islas. En una de esas islas, una tarde, alguien había imaginado un islote infestado de ciénagas donde las mareas
ponían periódicamente en marcha el mecanismo del recuerdo. Al este, cerca de las avenidas centrales, se alzaba el
hospital, con las paredes de azulejos blancos, en el que una
mujer iba a morir. En el oeste, cerca del Parque Rivadavia,
se extendía, calmo, el barrio de Flores, con sus jardines y
sus paredes encristaladas y al fondo de una calle con ado-
quines desparejos, nítida en la quietud del suburbio, se
veía la casa de la calle Bacacay y en lo alto, visible apenas
en la visibilidad extrema del mundo, la luz roja del laboratorio del fotógrafo titilando en la noche.

Estuve ahí durante un tiempo que no puedo recordar.
Observé, como alucinado o dormido, el movimiento imperceptible que latía en la diminuta ciudad. Al fin, la miré
por última vez. Era una imagen remota y única que repro-
ducía la forma real de una obsesión. Recuerdo que bajé tanteando por la escalera circular hacia la oscuridad de la sala.

Russell desde la mesa donde manipulaba sus instrumentos me vio entrar como si no me esperara y, luego de
una leve vacilación, se acercó y me puso una mano en el
hombro.

—¿Ha visto? —preguntó.

Asentí, sin hablar.

Eso fue todo.

—Ahora, entonces —dijo—, puede irse y puede contar lo que ha visto.

En la penumbra del atardecer, Russell me acompañó hasta el zaguán que daba a la calle.

Cuando abrió la puerta, el aire suave de la primavera llegó desde los cercos quietos y los jazmines de las casas vecinas.

—Tome —dijo, y me dio la moneda griega.

Eso fue todo.

Caminé por las veredas arboladas hasta llegar a la avenida Rivadavia y después entré en el subterráneo y viajé atontado por el rumor sordo del tren. La indecisa imagen de mi cara se reflejaba en el cristal de la ventana. De a poco, la microscópica ciudad circular se perfiló en la penumbra del túnel con la fijeza y la intensidad de un recuerdo inolvidable.

Entonces comprendí lo que ya sabía: lo que podemos imaginar siempre existe, en otra escala, en otro tiempo, nítido y lejano, igual que en un sueño.

1. ¿QUÉ ES UN LECTOR?

PAPELES ROTOS

Hay una foto donde se ve a Borges que intenta descifrar las letras de un libro que tiene pegado a la cara. Está en una de las galerías altas de la Biblioteca Nacional de la calle México, en cuclillas, la mirada contra la página abierta.

Uno de los lectores más persuasivos que conocemos, del que podemos imaginar que ha perdido la vista leyendo, intenta, a pesar de todo, continuar. Ésta podría ser la primera imagen del último lector, el que ha pasado la vida leyendo, el que ha quemado sus ojos en la luz de la lámpara. «Yo soy ahora un lector de páginas que mis ojos ya no ven.»

Hay otros casos, y Borges los ha recordado como si fueran sus antepasados (Mármol, Groussac, Milton). Un lector es también el que lee mal, distorsiona, percibe confusamente. En la clínica del arte de leer, no siempre el que tiene mejor vista lee mejor.

«El Aleph», el objeto mágico del miope, el punto de luz donde todo el universo se desordena y se ordena según la posición del cuerpo, es un ejemplo de esta dinámica del ver y el descifrar. Los signos en la página, casi invisibles, se

19

abren a universos múltiples. En Borges la lectura es un arte de la distancia y de la escala.

Kafka veía la literatura del mismo modo. En una carta a Felice Bauer, define así la lectura de su primer libro: «Realmente hay en él un incurable desorden, y *es preciso acercarse mucho para ver algo*» (la cursiva es mía). Primera cuestión: la lectura es un arte de la microscopía, de la perspectiva y del espacio (no sólo los pintores se ocupan de esas cosas). Segunda cuestión: la lectura es un asunto de óptica, de luz, una dimensión de la física. Joyce también sabía ver mundos múltiples en el mapa mínimo del lenguaje. En una foto, se lo ve vestido como un dandy, un ojo tapado con un parche, leyendo con una lupa de gran aumento. El *Finnegans Wake* es un laboratorio que somete la lectura a su prueba más extrema. A medida que uno se acerca, esas líneas borrosas se convierten en letras y las letras se enciman y se mezclan, las palabras se transmutan, cambian, el texto es un río, un torrente múltiple, siempre en expansión. Leemos restos, trozos sueltos, fragmentos, la unidad del sentido es ilusoria.

La primera representación espacial de este tipo de lectura ya está en Cervantes, bajo la forma de los papeles que levantaba de la calle. Ésa es la situación inicial de la novela, su presupuesto diríamos mejor. «Leía incluso los papeles rotos que encontraba en la calle», se dice en el *Quijote* (I, 5).

Podríamos ver allí la condición material del lector moderno: vive en un mundo de signos; está rodeado de palabras impresas (que, en el caso de Cervantes, la imprenta ha empezado a difundir poco tiempo antes); en el tumulto de la ciudad se detiene a levantar papeles tirados en la calle, quiere leerlos.

Sólo que ahora, dice Joyce en el *Finnegans Wake* —es decir en el otro extremo del arco imaginario que se abre con *Don Quijote*–, estos papeles rotos están perdidos en un basurero, picoteados por una gallina que escarba. Las palabras se mezclan, se embarran, son letras corridas, pero legibles todavía. Ya sabemos que el *Finnegans* es una carta extraviada en un basural, un «tumulto de borrones y de manchas, de gritos y retorcimientos y fragmentos yuxtapuestos». Shaum, el que lee y descifra en el texto de Joyce, está condenado a «escarbar por siempre jamás hasta que se le hunda la mollera y se le pierda la cabeza, el texto está destinado a ese lector ideal que sufre un insomnio ideal» *(by that ideal reader suffering from an ideal insomnia)*.

El lector adicto, el que no puede dejar de leer, y el lector insomne, el que está siempre despierto, son representaciones extremas de lo que significa leer un texto, personificaciones narrativas de la compleja presencia del lector en la literatura. Los llamaría lectores puros; para ellos la lectura no es sólo una práctica, sino una forma de vida.

Muchas veces los textos han convertido al lector en un héroe trágico (y la tragedia tiene mucho que ver con leer mal), un empecinado que pierde la razón porque no quiere capitular en su intento de encontrar el sentido. Hay una larga relación entre droga y escritura, pero pocos rastros de una posible relación entre droga y lectura, salvo en ciertas novelas (de Proust, de Arlt, de Flaubert) donde la lectura se convierte en una adicción que distorsiona la realidad, una enfermedad y un mal.

Se trata siempre del relato de una excepción, de un caso límite. En la literatura el que lee está lejos de ser una figura normalizada y pacífica (de lo contrario no se narraría); aparece más bien como un lector extremo, siempre apasionado y compulsivo. (En «El Aleph» todo el universo

21

es un pretexto para leer las cartas obscenas de Beatriz Viterbo.)

Rastrear el modo en que está representada la figura del lector en la literatura supone trabajar con casos específicos, historias particulares que cristalizan redes y mundos posibles.

Detengámonos, por ejemplo, en la escena en la que el Cónsul, en el final de *Under the Volcano*, la novela de Malcolm Lowry, lee unas cartas en El Farolito, la cantina de Parián, en México, a la sombra de Popocatépetl y del Iztaccíhuatl. Estamos en el último capítulo del libro y en un sentido el Cónsul ha ido hasta allí para encontrar lo que ha perdido. Son las cartas que Yvonne, su ex mujer, le ha escrito en esos meses de ausencia y que el Cónsul ha olvidado en el bar, meses atrás, borracho. Se trata de uno de los motivos centrales de la novela; la intriga oculta que sostiene la trama, las cartas extraviadas que han llegado sin embargo a destino. Cuando las ve, comprende que sólo podían estar allí y en ningún otro lado, y al final va a morir por ellas.

El Cónsul bebió un poco más de mezcal.
«Es este silencio lo que me aterra... este silencio...»
El Cónsul releyó varias veces esta frase, la misma frase, la misma carta, todas las letras, vanas como las que llegan al puerto a bordo de un barco y van dirigidas a alguien que quedó sepultado en el mar, y como tenía cierta dificultad para fijar la vista, las palabras se volvían borrosas, desarticuladas y su propio nombre le salía al encuentro; pero el mezcal había vuelto a ponerlo en contacto con su situación hasta el punto de que no necesitaba comprender ahora significado alguno en las palabras, aparte de la abyecta confirmación de su propia perdición...

En el universo de la novela las viejas cartas se entienden y se descifran por el relato mismo; más que un sentido, producen una experiencia y, a la vez, sólo la experiencia permite descifrarlas. No se trata de interpretar (porque ya se sabe todo), sino de revivir. La novela –es decir, la experiencia del Cónsul– es el contexto y el comentario de lo que se lee. Las palabras le conciernen personalmente, como una suerte de profecía realizada.

En el exceso, algo de la verdad de la práctica de la lectura se deja ver; su revés, su zona secreta: los usos desviados, la lectura fuera de lugar. Tal vez el ejemplo más nítido de este modo de leer esté en el sueño (en los libros que se leen en los sueños).

Richard Ellman en un momento de su biografía muestra a Joyce muy interesado por esas cuestiones. «Dime, Bird, le dijo a William Bird, un frecuente compañero de aquellos días, ¿has soñado alguna vez que estabas leyendo? Muy a menudo, dijo Bird. Dime pues, ¿a qué velocidad lees en tus sueños?»

Hay una relación entre la lectura y lo real, pero también hay una relación entre la lectura y los sueños, y en ese doble vínculo la novela ha tramado su historia.

Digamos mejor que la novela –con Joyce y Cervantes en primer lugar– busca sus temas en la realidad, pero encuentra en los sueños un modo de leer. Esta lectura nocturna define un tipo particular de lector, el visionario, el que lee para saber cómo vivir. Desde luego, el Astrólogo de Arlt es una figura extrema de este tipo de lector. Y también Erdosain, su doble melancólico y suicida, que lee en un diario la noticia de un crimen y la repite luego al matar a la Bizca.

En este registro imaginario y casi onírico de los modos de leer, con sus tácticas y sus desviaciones, con sus modulaciones y sus cambios de ritmo, se produce además un desplazamiento, que es una muestra de la forma específica que tiene la literatura de narrar las relaciones sociales. La experiencia está siempre localizada y situada, se concentra en una escena específica, nunca es abstracta.

Habría en este sentido dos caminos. Por un lado, seguir al lector, visto siempre al sesgo, casi como un detalle al margen, en ciertas escenas que condensan y fijan una historia muy fluida. Por otro lado, seguir el registro imaginario de la práctica misma y sus efectos, una suerte de historia invisible de los modos de leer, con sus ruinas y sus huellas, su economía y sus condiciones materiales.

De hecho, al fijar las escenas de lectura, la literatura individualiza y designa al que lee, lo hace ver en un contexto preciso, lo nombra. Y el nombre propio es un acontecimiento porque el lector tiende a ser anónimo e invisible. Por de pronto, el nombre asociado a la lectura remite a la cita, a la traducción, a la copia, a los distintos modos de escribir una lectura, de hacer visible que se ha leído (el crítico sería, en este sentido, la figuración oficial de este tipo de lector, pero por supuesto no el único ni el más interesante). Se trata de un tráfico paralelo al de las citas: una figura aparece nombrada, o mejor, es citada. Se hace ver una situación de lectura, con sus relaciones de propiedad y sus modos de apropiación.

Buscamos, entonces, las figuraciones del lector en la literatura; esto es, las representaciones imaginarias del arte de leer en la ficción. Intentamos una historia imaginaria de los lectores y no una historia de la lectura. No nos preguntaremos tanto qué es leer, sino *quién* es el que lee (dónde está leyendo, para qué, en qué condiciones, cuál es su historia).

Llamaría a ese tipo de representación *una lección de lectura,* si se me permite variar el título del texto clásico de

Lévi-Strauss e imaginar la posición del antropólogo que recibe la descripción de un informante sobre una cultura que desconoce. Esas escenas serían, entonces, como pequeños informes del estado de una sociedad imaginaria –la sociedad de los lectores– que siempre parece a punto de entrar en extinción o cuya extinción, en todo caso, se anuncia desde siempre.

El primero que entre nosotros pensó estos problemas fue, ya lo sabemos, Macedonio Fernández. Macedonio aspiraba a que su *Museo de la novela de la Eterna* fuera «la obra en que el lector será por fin leído». Y se propuso establecer una clasificación: series, tipologías, clases y casos de lectores. Una suerte de zoología o de botánica irreal que localiza géneros y especies de lectores en la selva de la literatura.

Para poder definir al lector, diría Macedonio, primero hay que saber encontrarlo. Es decir, nombrarlo, individualizarlo, contar su historia. La literatura hace eso: le da, al lector, un nombre y una historia, lo sustrae de la práctica múltiple y anónima, lo hace visible en un contexto preciso, lo integra en una narración particular.

La pregunta «qué es un lector» es, en definitiva, la pregunta de la literatura. Esa pregunta la constituye, no es externa a sí misma, es su condición de existencia. Y su respuesta –para beneficio de todos nosotros, lectores imperfectos pero reales– es un relato: inquietante, singular y siempre distinto.

Hay siempre algo inquietante, a la vez extraño y familiar, en la imagen abstraída de alguien que lee, una misteriosa intensidad que la literatura ha fijado muchas veces. El sujeto se ha aislado, parece cortado de lo real.

Hamlet entra leyendo un libro inmediatamente después de la aparición del fantasma de su padre, y el hecho es percibido enseguida como un signo de melancolía, un síntoma de perturbación.

Kafka se ha referido en su *Diario* a la propia extrañeza ante la escisión que acompaña el acto de leer: «Mientras leía *Beethoven y los enamorados* me pasaban por la cabeza diversos pensamientos que no guardaban la menor relación con la historia que estaba leyendo (pensé en la cena, pensé en Lowy, que estaba esperándome), pero esos pensamientos no me entorpecían la lectura que precisamente hoy ha sido muy pura.»

La vida no se detiene, diría Kafka, sólo se separa del que lee, sigue su curso. Hay cierto desajuste que, paradójicamente, la lectura vendría a expresar.

El lector inventado por Borges se instala en ese espacio. Quiero decir, Borges inventa al lector como héroe a partir del espacio que se abre entre la letra y la vida. Y ese lector (que a menudo dice llamarse Borges pero también puede llamarse Pierre Menard o Hermann Soergel o ser el anónimo bibliotecario jubilado de «El libro de arena») es uno de los personajes más memorables de la literatura contemporánea. El lector más creativo, más arbitrario, más imaginativo que haya existido desde don Quijote. Y el más trágico.

En Borges ya no se trata de alguien que –como Kafka, digamos– en el cuarto de la casa familiar, en lo alto de la noche, lee un libro sentado frente a una ventana que da sobre los puentes de Praga. Se trata, en cambio, de alguien perdido en una biblioteca, que va de un libro a otro, que lee una serie de libros y no un libro aislado. Un lector disperso en la fluidez y el rastreo, que tiene todos los volúmenes a su disposición. Persigue nombres, fuentes, alusiones; pasa de una cita a otra, de una referencia a otra.

El registro microscópico de las lecturas también se expande, el lector va de la cita al texto como serie de citas, del texto al volumen como serie de textos, del volumen a la enciclopedia, de la enciclopedia a la biblioteca. Ese espacio fantástico no tiene fin porque supone la imposibilidad de cerrar la lectura, la abrumadora sensación de todo lo que queda por leer.

Sin embargo, algo, siempre, en esa serie, falla: una cita que se ha extraviado, una página que se espera encontrar y que está en otro lado.

«Tlön, Uqbar, Orbis Tertius» —el cuento de Borges que define su obra— comienza con un texto perdido, un artículo de la enciclopedia; alguien lo ha leído pero ya no lo encuentra. No es lo real lo que irrumpe, sino la ausencia, un texto que no se tiene, cuya busca lleva, como en un sueño, al encuentro de otra realidad.

La falta es asimilada de inmediato a lo que ha sido sustraído. Hay algo político allí que remite al complot, a una lógica malvada y sigilosa que altera el orden del mundo. Alguien tiene lo que falta, alguien lo ha borrado. No es un enigma, ni un misterio; es un secreto, en sentido etimológico (*scernere* significa «poner aparte», «esconder»). Una página —un libro— no está, la carta ha sido robada, el sentido vacila y, en esa vacilación, emerge lo fantástico.

La versión contemporánea de la pregunta «qué es un lector» se instala allí. El lector ante el infinito y la prolife-

27

ración. No el lector que lee un libro, sino el lector perdido en una red de signos.

Lo imaginario se aloja entre el libro y la lámpara, decía Foucault hablando de Flaubert. En el caso de Borges, lo imaginario se instala *entre* los libros, surge en medio de la sucesión simétrica de volúmenes alineados en los anaqueles silenciosos de una biblioteca.

«La certidumbre de que todo está escrito nos anula y nos afantasma», escribe Borges. La metáfora del incendio de la biblioteca es, muchas veces en sus textos, una ilusión nocturna y un alivio imposible. Los libros persisten, perdidos en los profundos corredores circulares. Todos, dice Borges, nos extraviamos ahí.

En ese universo saturado de libros, donde todo esá escrito, sólo se puede releer, leer de otro modo. Por eso, una de las claves de ese lector inventado por Borges es la libertad en el uso de los textos, la disposición a leer según su interés y su necesidad. Cierta arbitrariedad, cierta inclinación deliberada a leer mal, a leer fuera de lugar, a relacionar series imposibles. La marca de esta autonomía absoluta del lector en Borges es el efecto de ficción que produce la lectura.

Quizá la mayor enseñanza de Borges sea la certeza de que la ficción no depende sólo de quien la construye sino también de quien la lee. La ficción es también una posición del intérprete. No todo es ficción (Borges no es Derrida, no es Paul de Man), pero todo puede ser leído como ficción. Lo borgeano (si eso existe) es la capacidad de leer todo como ficción y de creer en su poder. La ficción como una teoría de la lectura.

Podemos leer la filosofía como literatura fantástica, dice Borges, es decir podemos convertirla en ficción por un desplazamiento y un error deliberado, un efecto producido en el acto mismo de leer.

Podemos leer como ficción la *Enciclopedia Británica* y estaremos en el mundo de Tlön. La apócrifa *Enciclopedia Británica* de Tlön es la descripción de un universo alternativo que surge de la lectura misma.

En definitiva, el mundo de Tlön es un *hrönir* de Borges: la ilusión de un universo creado por la lectura y que depende de ella. Hay cierta inversión del bovarismo, implícita siempre en sus textos; no se lee la ficción como más real que lo real, se lee lo real perturbado y contaminado por la ficción.

Por eso, al final el mundo es invadido por Tlön, la realidad se disuelve y se altera. El narrador se refugia nuevamente en la lectura; en otro tipo de lectura esta vez, una lectura controlada, minuciosa, la lectura como traducción. El traductor es aquí el lector perfecto, un copista que escribe lo que lee en otra lengua, que copia, fiel, un texto, y en la minuciosidad de esa lectura olvida lo real: «El contacto y el hábito de Tlön han desintegrado este mundo [...] Yo no hago caso, yo sigo revisando en los quietos días del hotel de Adrogué una indecisa traducción quevediana (que no pienso dar a la imprenta) del *Urn Burial* de Browne.»

«Tlön, Uqbar, Orbis Tertius» plantea los dos movimientos del lector en Borges: la lectura es a la vez la construcción de un universo y un refugio frente a la hostilidad del mundo.

Lo que me interesa señalar en el bellísimo final de «Tlön...» es algo que encontraremos en muchos otros textos de Borges: la lectura como defensa. La quietud a la que alude la hipálage está en el acto de leer; todo queda en suspenso; la vida, por fin, se ha detenido.

Encontramos nuevamente la grieta, la escisión que la lectura vendría a expresar. Un contraste entre las exigencias prácticas, digamos, y ese momento de quietud, de soledad, esa forma de repliegue, de aislamiento, en la que el sujeto se pierde, indeciso, en la red de los signos. Del otro lado de los libros, luego de atravesar la superficie negra y blanca de las palabras impresas, más allá de un jardín y una verja de hierro, el mundo parece irreal, o, mejor, el mundo es esa misma irrealidad.

Al mismo tiempo, en Borges, el acto de leer articula lo imaginario y lo real. Mejor sería decir, la lectura construye un espacio entre lo imaginario y lo real, desarma la clásica oposición binaria entre ilusión y realidad. No hay, a la vez, nada más real ni nada más ilusorio que el acto de leer.

Muchas veces el lugar de cruce entre el sueño y la vigilia, entre la vida y la muerte, entre lo real y la ilusión está representado por el acto de leer.

Basta pensar en el doble viaje que se narra en «El Sur». Allí está Dahlman, a quien el ansia de leer el ejemplar descabalado de *Las mil y una noches* le provoca un accidente que lo lleva a la muerte. (Y muchas veces, en Borges, la lectura lleva a la muerte.) Y luego está Dhalman convaleciente, que lee en el tren *Las mil y una noches* para olvidar la enfermedad hasta que lo distrae la llanura, lo distrae la realidad y, aliviado, se deja, simplemente, vivir. Y por fin Dahlman en ese pueblo perdido en el sur de la provincia de Buenos Aires, que recurre a la lectura para aislarse y protegerse, y se refugia nuevamente en el volumen de *Las mil y una noches* hasta que es arrancado de su aislamiento por los parroquianos del almacén que lo hostigan y lo desafían.

Sabemos que se trata de un sueño. En el momento de

morir de una septicemia en la cama del hospital, Dhalman imagina —elige, dice Borges— una muerte heroica en una pelea a cielo abierto. Esa muerte es real, está contada como si fuera real —por lo tanto es real—. Una vez más en la llanura argentina, en los fondos de una pulpería, hay un duelo a cuchillo.

El volumen de *Las mil y una noches* está en las dos muertes; es la causa, habría que decir, de las dos muertes. En un caso, es la ansiedad de leer la que lleva al accidente; en el otro caso, es el riesgo de leer lo que lleva al desafío.

Pero hay algo más que quiero destacar aquí. En el almacén Dhalman es enfrentado *porque* está leyendo, porque lo ven leer, abstraído, un libro. Quiero decir que, a menudo, lo otro del lector está representado también. No sólo qué lee, sino también con quién se enfrenta el que lee, con quién dialoga y negocia esa forma de construir el sentido que es la lectura.

Bastaría pensar en don Quijote y Sancho, en la decisión milagrosa de Cervantes que, luego de la primera salida, hace entrar al que no lee. «Pues a fe mía que no sé leer», respondió Sancho (I, 31). Ese encuentro, ese diálogo, funda el género. Habría que decir que en esa decisión, que confronta lectura y oralidad, está toda la novela.

LECTORES EN EL DESIERTO ARGENTINO

En definitiva, la pregunta «qué es un lector» es también la pregunta del otro. La pregunta —a veces irónica, a veces agresiva, a veces piadosa, pero siempre política— del que mira leer al que lee.

La literatura argentina está recorrida por esa tensión. Muchas veces la oposición entre civilización y barbarie se ha representado de ese modo. Como si ésa fuera su encarnación básica, como si allí se jugaran la política y las relaciones de poder.

Recordemos la escena en la que Mansilla (uno de los grandes escritores argentinos del siglo XIX, autor de *Una excursión a los indios ranqueles)* lee *Le Contrat social* de Rousseau –en francés, desde luego–, sentado bajo un árbol, en el campo, cerca de un matadero donde se sacrifican las reses, hasta que su padre (el general Lucio N. Mansilla, héroe de la Vuelta de Obligado) se le acerca y le dice: «Mi amigo, cuando uno es sobrino de don Juan Manuel de Rosas no lee *El contrato social* si se ha de quedar en este país, o se va de él si quiere leerlo con provecho.» Y finalmente lo envía al exilio.

En esa escena que Mansilla cuenta en sus *Causeries* y que transcurre en 1846, se cristalizan redes de toda la cultura argentina del siglo XIX. La civilización y la barbarie, como decretó Sarmiento.

Rousseau y el matadero. Por un lado, la tradición de los letrados (hay que decir que Mariano Moreno, el ideólogo de la independencia, el líder de la revolución contra el absolutismo español, fue el primer traductor de *El contrato social).* Por el otro, enfrente, el matadero, una sinécdoque clásica de la barbarie desde el origen mismo de la literatura argentina, el lugar sangriento donde las clases peligrosas se adiestran en el arte de matar.

La civilización y la barbarie se juegan en el control del sentido, en los distintos modos de acceder al sentido. Pero nada es nunca tan esquemático.

El complemento de esa escena está en la extraordinaria historia del coronel Baigorria, que cruza la frontera y se va a vivir con los indios (como Fierro y Cruz en el final de *Martín Fierro)*, y a quien los ranqueles (los mismos ranqueles que Mansilla visitará veinte años después) le traen, luego de un malón en las poblaciones del norte, un ejemplar del *Facundo* de Sarmiento. Estamos en 1850.

Baigorria escribe sus memorias cuando ya ha vuelto a la civilización, por así decirlo, en las que cuenta su vida en tercera persona (y varios cronistas de la frontera, como Estanislao Zeballos, han narrado también la experiencia del llamado «Cacique blanco»).

> Tenía un ejemplar con falta de hojas de *Facundo* de Sarmiento, que era su lectura favorita y lo apasionaba [...] Este libro le había sido regalado por un capitanejo que saqueó una galera en la villa de Achiras, [...] Baigorria se había hecho construir un rancho de paja y barro, en sitio lejano de la toldería de Paine; cultivaba allí a solas sus instintos civilizados.

Un rancho para leer en medio de la llanura. A solas. Suena más drástico que la biblioteca borgeana.

En el desierto, del otro lado de la frontera, entre los indios, un lector —una versión extrema de Dhalman— lee el *Facundo* y revive en ese libro, quizá, la experiencia y el sentido del mundo que ha dejado.

Desde luego, habría que preguntarse por ese ejemplar del *Facundo*, un libro publicado en Chile tres años antes: en qué manos anduvo, dónde perdió las páginas que le faltan, quién lo llevaba en ese carruaje en plena época de Rosas, y también qué significaba ese libro para los ranqueles, que decidieron levantarlo entre los restos de la matanza y llevárselo a Baigorria.

33

La pregunta «qué es un lector» es también la pregunta sobre cómo le llegan los libros al que lee, cómo se narra la entrada en los textos.

Libros encontrados, prestados, robados, heredados, saqueados por los indios, salvados del naufragio (como el ejemplar de la Biblia y los libros en portugués que Robinson Crusoe –ya sabemos que ha vivido unos años en Brasil– rescata entre los restos del barco hundido y se lleva a la isla desierta), libros que se alejan y se pierden en la llanura.

W. H. Hudson, uno de los mejores escritores en lengua inglesa del siglo XIX, recordaba de esta manera su juventud en el campo argentino: «No teníamos novelas. Cuando llegaba una a la casa era leída y prestada a nuestro más próximo vecino, a unas dos leguas de casa, y él, a su turno, se la prestaba a otro, siete leguas más lejos, y así sucesivamente hasta que desaparecía en el espacio.»

Libros reales, libros imaginarios, libros que circulan en la trama, dependen de ella y muchas veces la definen. Los libros en la literatura no funcionan sólo como metáforas –como las que ha analizado admirablemente Curtius en *Literatura europea y Edad Media latina*–, sino como articulaciones de la forma, nudos que relacionan los niveles del relato y cumplen en la narración una compleja función constructiva.

Pensemos, por ejemplo, en el libro sobre la mística judía que increíblemente lee Scharlach, el gángster, en «La muerte y la brújula». Toda la sorpresa y la invención del relato de Borges están allí. «Leí la *Historia de la secta de los Hasidim*», dice Scharlach; «supe que el miedo reverente de pronunciar el Nombre de Dios había originado la doctrina de que ese Nombre es todopoderoso y recóndito.» Sin ese libro imaginario –sin esa escena decisiva y sarcástica en la

34

que un asesino sanguinario usa un libro para capturar a un hombre que sólo cree en lo que lee– no habría historia.

Tenemos que imaginar, entonces, a Scharlach, un dandy sanguinario y siniestro, como lector.

¿Qué lee, dónde, por qué, cuándo, en qué situación? Lee para vengarse de Lönnrot, por lo tanto lee para Lönnrot y contra Lönnrot, pero también con él. Lee desde Lönnrot (como Borges nos recomienda leer algunos textos desde Kafka) para seducirlo y capturarlo en sus redes. Infiere, deduce, imagina su lectura y la duplica, la confirma. Se trata de una suerte de bovarismo forzado, porque Scharlach de hecho obliga a Lönnrot a actuar lo que lee. La creencia está en juego. Lönnrot cree en lo que lee (no cree en otra cosa); lee al pie de la letra, podríamos decir. Mientras que Scharlach, en cambio, es un lector displicente, que usa lo que lee para sus propios fines, tergiversa y lleva lo que lee a lo real (como crimen).

Por supuesto, Scharlach y Lönnrot (esto es, el criminal y el detective) son dos modos de leer. Dos tipos de lector que están enfrentados.

El lector como criminal, que usa los textos en su beneficio y hace de ellos un uso desviado, funciona como un hermeneuta salvaje. Lee mal pero sólo en sentido moral; hace una lectura malvada, rencorosa, un uso pérfido de la letra. Podríamos pensar a la crítica literaria como un ejercicio de ese tipo de lectura criminal. Se lee un libro contra otro lector. Se lee la lectura enemiga. El libro es un objeto transaccional, una superficie donde se desplazan las interpretaciones.

Scharlach usa lo que lee como una trampa, una maquinación sombría, una superficie blanca donde se deslizan los cuerpos. En un sentido, es el lector perfecto; difícil encontrar un uso tan eficaz de un libro. Por de pronto, es lo contrario de un lector inocente. Scharlarch realiza la ilusión de don Quijote, pero deliberadamente. Realiza en la realidad lo que lee (y lo hace para otro). Ve en lo real el efecto de lo que ha leído.

Pero ¿cómo lee, cómo construye el sentido? Herido, como en un vértigo, lee la repetición, para vengarse. (Habría que hacer una historia de la lectura como venganza.) Él mismo descifra las condiciones de su lectura, el contexto que decide el sentido, las cuestiones materiales que trata de resolver a partir de lo que lee.

«Nueve días y nueve noches agonicé en esta desolada quinta simétrica; me arrasaba la fiebre, el odioso Jano bifronte que mira los ocasos y las auroras daba horror a mis sueños y a mi vigilia.»

Scharlach, un lector enfermo.

EL CASO HAMLET

Me gustaría ahora volver a Hamlet, el dandy epigramático y enlutado que, como Scharlach, también quiere vengarse (mejor sería decir es obligado a vengarse).

Luego del encuentro crucial con el fantasma de su padre, Hamlet, como hemos dicho, entra con un libro en la mano. Shakespeare hacía muy pocas acotaciones, pero desde las primeras ediciones figura la precisión: «Hamlet entra leyendo un libro.»

Desde luego, uno se pregunta si está realmente leyendo o está fingiendo que lee. La cuestión es que se hace ver con un libro. ¿Qué quiere decir leer en ese contexto, en la corte? ¿Qué tipo de situación supone el hecho de que alguien se haga ver leyendo un libro en el marco de las luchas de poder?

No sabemos qué libro lee, y tampoco interesa. Más adelante, Hamlet descarta la importancia del contenido. Polonio le pregunta qué está leyendo. «Palabras, palabras, palabras», contesta Hamlet. El libro está vacío; lo que importa es el acto mismo de leer, la función que tiene en la tragedia. Esta acción une los dos mundos que se juegan en la obra. Por un lado, el vínculo con la tradición de la tragedia, la transformación de la figura clásica del oráculo, la relación con el espectro, con la voz de los muertos, la obligación de venganza que le viene de esa suerte de orden trascendente. Por otro lado, el momento antitrágico del hombre que lee, o hace que lee. La lectura, ya lo dijimos, está asimilada con el aislamiento y la soledad, con otro tipo de subjetividad. En ese sentido, Hamlet, *porque* es un lector, es un héroe de la conciencia moderna. La interioridad está en juego.

La escena en que Hamlet entra leyendo es un momento de paso entre dos tradiciones y dos modos de entender el sentido. Bertolt Brecht –que era, por supuesto, un gran lector, uno de los más grandes–, en el *Pequeño organon para el teatro*, que escribe en 1948, anota que Hamlet es «un hombre joven, aunque ya un poco entrado en carnes, que hace un uso en extremo ineficaz de la nueva razón, de la que ha tenido noticias a su paso por la Universidad de Witenberg». Hamlet viene de Alemania, viene de la universidad, y Brecht ve allí la primera marca de la diferencia. «En el seno de los intereses feudales, donde se encuentra a su regreso, este nuevo tipo de razón no funciona. Enfrentado con una práctica irracional, su razón resulta absolutamente impráctica y Hamlet cae, trágica víctima de la contradicción entre esa forma de razonar y el estado de cosas imperante.» Brecht ve, en la tragedia, la tensión entre el universitario que llega de Alemania con nuevas ideas y el mundo arcaico y feudal. Esa tensión y esas nuevas ideas están encarnadas en el libro que lee, apenas una cifra de un nuevo modo de pensar, opuesto a la tradición de la venganza. La legendaria indecisión de Hamlet podría ser vista como un efecto de la incertidumbre de la interpretación, de las múltiples posibilidades de sentido implícitas en el acto de leer.

Hay una tensión entre el libro y el oráculo, entre el libro y la venganza. La lectura se opone a otro universo de sentido. A otra manera de construir el sentido, digamos mejor. Habitualmente es un aspecto del mundo que el sujeto está dejando de lado, un mundo paralelo. Y el acto de leer, de tener un libro, suele articular ese pasaje. Hay algo mágico en la letra, como si convocara un mundo o lo anulara.

Podríamos decir que Hamlet vacila porque se pierde en la vacilación de los signos. Se aleja, intenta alejarse, de un mundo para entrar en otro. De un lado parece estar el sentido pleno aunque enigmático de la palabra que viene del Más Allá; del otro lado está el libro. En el medio, está la escena.

2. UN RELATO SOBRE KAFKA

LA LÁMPARA

Podemos pensar ahora en otra escena de lectura y en una situación que es a la vez singular, cotidiana, casi imperceptible.

Se trata de una maniobra mínima en una larga y compleja estrategia, una especie de guerra de posiciones bastante típica en la obra de Kafka. Un leve giro indirecto en el interminable fluir de la correspondencia entre Kafka y Felice Bauer, que –como ha dicho Canetti en *El otro proceso de Kafka*– es uno de los grandes acontecimientos de la historia de la literatura. Esa correspondencia es un ejemplo extraordinario de la pasión por la lectura del otro, de la confianza en la acción que la lectura produce en el otro, de la seducción por la letra. «¿Será cierto que uno puede atar a una muchacha con la escritura?», se preguntaba Kafka en una carta a Max Brod, seis meses antes de conocer a Felice. Y de eso se trata.

La escritura de esas cartas permite analizar los procedimientos de la escritura de Kafka en todo su registro, pero también es una estrategia de lectura la que está en juego. Kafka convierte a Felice Bauer en la lectora en sentido puro. La lectora atada a los textos, que cambia de vida a partir de lo que lee (ésa es la ilusión de Kafka). Se trata a la vez de un aprendizaje y de una iniciación. Felice es casi una desconocida, un personaje en muchos sentidos inventado por las cartas mismas. Y, al mismo tiempo, es la construcción de una de las más persistentes y extraordinarias figuras de lector que podemos imaginar, presente como todo lector en su ausencia. Como las respuestas de Felice se han perdido, la correspondencia va en una sola dirección. Felice es la lectora que es preciso construir e imaginar, como ha hecho Kafka.

En 1912, el primer año de esta relación epistolar, Kafka escribe casi trescientas cartas. Dos, tres y hasta cuatro cartas por día. Sólo palabras escritas. Las cartas son iguales a su escritura, por momentos la acompañan y por momentos la sustituyen, pero tienen un destinatario concreto: alguien (que al principio es casi un desconocido) espera las cartas, alguien soporta las consecuencias. Casi nunca se ven, sólo se escriben. La seducción y la lectura. Las relaciones ya han sido señaladas. Los amantes se encuentran en el texto que leen. Dar a leer la experiencia. La lectura tiene un lugar central; la figura de la lectora, de una mujer que espera, es la clave de la historia.

Para hacer visible esa relación, luego de tres meses de intensa correspondencia, Kafka le envía una cita (en este vínculo donde casi no hay citas, donde los amantes casi nunca se encuentran). Se trata de un poema chino del siglo XVIII, que Kafka copia para Felice Bauer en su carta del 24 de noviembre de 1912. El poema, de Yan Tsentsai, es éste:

En la noche profunda
En la noche fría, absorto en la lectura
de mi libro, olvidé la hora de acostarme.
Los perfumes de mi colcha bordada en oro
se han disipado ya y el fuego se ha apagado.
Mi bella amiga, que hasta entonces a duras penas
había dominado su ira, me arrebata la lámpara
y me pregunta: ¿Sabes la hora que es?

Kafka le envía el poema a Felice se supone que para prevenirla. ¿O quizá para atraerla? En todo caso, para anunciarle lo que está por venir. Un movimiento firme en la red de sus desplazamientos y de sus vacilaciones. Lo que hace Kafka aquí es usar (como Scharlach) lo que lee para sus propios fines.

La correspondencia es la gran intriga de la relación sentimental, pero en el caso de Kafka asistimos a una variante. Se da a leer no *sólo* para seducir, sino también para mantener a distancia. Y se deja ver, con nitidez, el estilo de Kafka, hecho de parábolas, chino digamos, y también jurídico (la prueba, el caso, el ejemplo hipotético que se usa en un juicio).

En su correspondencia con Felice, Kafka se refiere varias veces a ese poema porque condensa toda la relación entre ellos y alude a un mundo del que se siente cerca. En un sentido, podríamos decir que el contexto del poema es toda la obra de Kafka (o toda la experiencia de Kafka). En cualquier caso, para leer el poema hay que recurrir a toda su obra.

Me gustaría llamar la atención, antes que nada, sobre el objeto de disputa: la lámpara; la veremos aparecer varias veces en este trayecto. Luego destacaría la interrupción, la lectura interrumpida (ya hemos dicho algo sobre esto a propósito de Borges). Y también el trabajo nocturno: el aislamiento y el silencio. Y por fin lo más importante, la presencia de una mujer, la convivencia con una mujer. O mejor, la tentación, el llamado de la mujer. Mucho tiempo después, Kafka lo hará explícito en uno de sus aforismos de 1918: «El bien nos atrae hacia el mal como la mirada de la mujer nos atrae a la cama.»

Todo esto no está dicho todavía, desde luego, ni siquiera sabido, podríamos decir. Y se hará claro unos meses después, cuando las reglas del juego hayan cambiado (por culpa de Felice, según Kafka). Si uno lee las cartas como se supone que debía leerlas Felice (una detrás de otra, en una temporalidad continua que va completando el sentido, como en un folletín sentimental y único), puede ver que en un momento se produce un viraje que se hará evidente dos meses después.

Para entonces, como veremos, todo habrá cambiado. Kafka ya no va a querer casarse con su prometida y le dirá la razón a su modo, elusivo y a la vez directo, con un comentario del poema.

En la carta del 23 de enero de 1913, Kafka se refiere al poema de este modo: «Esa amiga del poema no es mala, esta vez la lámpara se apaga de veras, la calamidad no era tanta, aún queda mucha alegría en ella. Pero ¿y si hubiera sido la esposa y esa noche no fuera una noche cualquiera, sino un ejemplo de todas las noches, y naturalmente en ese caso no sólo de las noches sino de toda la vida en común, esa vida que sería una lucha por la lámpara? ¿Qué lector podría sonreír aún?»

La escena de lectura es una parábola sobre los peligros de la vida matrimonial (¿o es a la inversa?). Se concentra allí, desplazada, la razón de la amenaza. La defensa de la soledad.

El contexto del poema (el primer contexto, habría que

42

decir) es una fantasía de aislamiento que sus versos concentran e invierten. Kafka le ha hablado del tema unos días antes.

«Se me ha hecho muy tarde escribiendo y una vez más me viene a la memoria, hacia eso de las 2 de la madrugada, el sabio chino», le escribe el 14 de enero de 1913. «Una vez me dijiste que te gustaría estar sentada a mi lado mientras escribo; pero date cuenta de que en tal caso no sería capaz de escribir [...] nunca puede estar uno lo bastante solo cuando escribe, [...] nunca puede uno rodearse de bastante silencio [...] la noche resulta poco nocturna, incluso.» Y entonces sigue la más extraordinaria descripción que se pueda imaginar de las condiciones de una escritura perfecta: «Con frecuencia he pensado que la mejor forma de vida para mí consistiría en encerrarme en lo más hondo de una vasta cueva con una lámpara y todo lo necesario para escribir. Me traerían la comida y me la dejarían siempre lejos de donde yo estuviera instalado, detrás de la puerta más exterior de la cueva. Ir a buscarla, en camisón, a través de todas las bóvedas, sería mi único paseo. Acto seguido regresaría a mi mesa, comería lenta y concienzudamente, y enseguida me pondría de nuevo a escribir. ¡Lo que sería capaz de escribir entonces! ¡De qué profundidades lo sacaría! ¡Sin esfuerzo! Pues la concentración extrema no sabe lo que es el esfuerzo. Lo único que quizás no perseverase, y al primer fracaso, tal vez inevitable incluso en tales condiciones, no podría menos que hundirme en la más grande de las locuras: *¿qué dices a esto, mi amor? ¡No retrocedas ante el habitante de la cueva!*»

Difícil encontrar algo más extremo. La torre de marfil suena frívola ante este sótano, y la isla de Robinson se puebla demasiado rápido. Esa forma de vida es la garantía de un uso del lenguaje absolutamente único.

Su metáfora es la guerra, la vida militar, el mundo masculino del ejército. La experiencia pura y la amenaza, el riesgo y el heroísmo. «Lo que la guerra en sí hace sentir a cada uno es algo que, en lo esencial, no se puede saber», le dirá a Felice el 5 de abril de 1915. Hay algo de inefable ahí. La guerra le sirve a Kafka para describir su relación con la literatura. Mejor sería decir, es la metáfora o la ilusión de un modo de vivir que sería la condición de un lenguaje nuevo, de un uso nuevo del lenguaje. Kafka piensa en la guerra, en el acoso, en la situación de peligro, en cavar trincheras, en ataques inminentes. Defiende posiciones, libera zonas.

En todo caso, la escritura está ligada a la disciplina estricta, a las acciones nocturnas, al aislamiento, a un tipo de organización rigurosa que Kafka asocia con el mundo militar. En 1920, al retomar la escritura luego de una larga interrupción, anota en su *Diario:* «Hace unos días he reanudado mi vida «de campaña», o mejor dicho "de maniobras", la misma que hace unos años descubrí que era la mejor para mí temporalmente.»

La atracción por la representación militar de la vida, esa analogía entre guerra y literatura, se percibe en el sorprendente interés de Kafka por Napoleón y su estrategia militar: en el *Diario* aparecen notas de lectura sobre distintos momentos de la vida de Bonaparte y hay un largo análisis de las causas de su derrota en Rusia *(Diario,* 1 de octubre de 1915). Kafka como analista militar. Hay algo de eso. En realidad, Kafka escribe sobre Napoleón cuando quiere pensar en su experiencia con la literatura.

A primera vista nada parece menos kafkiano que Napoleón. Pero no se trata de la fascinación de Stendhal por la ambición del emperador, ni tampoco de la de Raskolnikov por el Napoleón de la acción privada; Kafka descubre, en cambio, al general vacilante y perplejo, en medio del combate. Le llama la atención su inactividad durante la batalla de Borodino. «Todo el día estuvo en una hondonada caminando de un lado para el otro y sólo dos veces subió a una colina.» Napoleón como un personaje de Kafka.

La dramática retirada del ejército francés vencido en Rusia le interesa especialmente y reaparece varias veces en el *Diario*. Podríamos imaginar un relato de Kafka sobre la experiencia de las masas militares en fuga por las planicies heladas. De hecho, cuando en 1924 Kafka busca un símil para explicar la catástrofe personal que está viviendo recurre otra vez a Bonaparte. Ese año Kafka ha resuelto por fin dejar Praga y se ha instalado en Berlín, en plena espiral inflacionaria. Su decisión le parece una completa locura, sólo comparable «con la campaña de Napoleón en Rusia».

La guerra es una metáfora de la experiencia pura y a la vez es un tema. En todo caso, debemos recordar que cuando empezó a escribir su primer relato (el que Kafka considera su primer relato, es decir, «La condena») su objetivo era describir una batalla.

Aislamiento, vida militar. No ser interrumpido. ¿Cómo incluir a una mujer en ese mundo? La clave del poema chino, ya lo hemos dicho, es la escena de la interrupción.

COMO SE...

La interrupción, gran tema de Kafka, la interferencia que impide llegar a destino. La suspensión, el desvío, la postergación: esto es clásico en él, lo narra siempre, pero define también el registro de su escritura. Su estilo es un arte de la interrupción, el arte de narrar la interferencia.

La escritura misma queda a menudo suspendida en el aire. La nota que Kafka escribe el 20 de agosto de 1912 en

45

el *Diario* sobre su primer encuentro con Felice se interrumpe en medio de una frase: «Mientras me sentaba la miré por primera vez con más detenimiento; cuando estuve sentado ya tenía un juicio inquebrantable. Como se... [*Wie sich* –].»

«*Como se...* » Parece el título de un relato de Beckett. En realidad, toda la historia con Felice parece un relato de Beckett.

La anotación se interrumpe en medio de una frase mientras está hablando de Felice. No alcanza a decir. Lo que estaba por decir no se termina, queda en suspenso.

Qué interrumpió la anotación es algo que nunca sabremos. Sin embargo, esa frase cortada dice todo. Y no porque fuera a decir algo más de lo que dice (aunque no lo sabemos, su comienzo es muy prometedor), sino porque de hecho dice que hay más, que podría haber más, quizá una explicación, quién sabe. La conjetura es posible, el sentido no se cierra; mejor, queda visiblemente abierto. Antes que abierto, cortado, suspendido en el aire.

Hay muchos otros ejemplos en su obra de ese modo de suspender la escritura. Tampoco sabemos por qué se cortan de pronto ciertos relatos. Uno de sus grandes textos finales, «La obra» (1923), un relato sobre el encierro, sobre la construcción de una cueva, sobre la necesidad de aislarse y defenderse para no ser invadido (el relato que en un sentido comenta y narra el mundo del sótano), termina así: «Mi forma de cavar apenas produce ruido; pero si [el animal] me hubiera oído, yo también debería haberlo notado; al menos el animal habría interrumpido con cierta frecuencia su trabajo y habría aguzado el oído, pero todo siguió igual, el...»

Más que terminar, habría que decir que el relato se corta, se interrumpe. Lo mismo sucede en *El castillo:* «Era la madre de Gerstäcker. Tendió a K. una mano temblorosa y lo hizo sentarse a su lado; hablaba con dificultad, era difícil comprenderlo, pero lo que dijo...»

¿Qué dijo? ¿Qué iba a decir? Kafka tiene un modo muy particular de detenerse: hace visible que se ha interrumpido. No sigue. No retoma las cosas donde han quedado. No completa la frase, tampoco la tacha, la deja. Empieza de nuevo.

Tal vez la causa de la interrupción de la nota en el *Diario* haya sido el cansancio. Podemos pensar que no fue una decisión de Kafka. Tal vez fue el azar, la contingencia. (Siempre, claro, podemos imaginar que hay alguien que llega de improviso, como el vecino anónimo que interrumpió a Coleridge cuando estaba redactando el *Kubla Kan.*)

En el poema chino, la mujer se lleva la lámpara. La interrupción, el acontecimiento de la interrupción digamos mejor, lo que viene desde afuera a cortar, es para Kafka la amenaza máxima.

Al día siguiente del comentario sobre su encuentro con Felice, el 21 de agosto de 1912, escribe en el *Diario*: «He leído *incesantemente* a Lenz y gracias a él —así me encuentro— he vuelto en mí» (la cursiva es mía).

Primera cuestión: ¿de dónde vuelve? Segunda cuestión: una lectura que no se interrumpe, incesante, le permite volver en sí.

También la escritura que no es interrumpida le permite volver en sí; en todo caso, encontrar lo que buscaba (en qué rutas, por qué maniobras). Escribe en su *Diario* el 8 de marzo de 1912: «He revisado algunos papeles viejos. Para aguantarlo hace falta recurrir a todas las energías. La desdicha que ha de soportar uno cuando, como me ha sucedido siempre hasta ahora, interrumpe un trabajo que sólo puede salir bien si lo escribe seguido.»

La correspondencia como género está marcada por la

interrupción, por la exigencia de continuidad, por la pausa entre una carta y la otra, por la obsesión de las cartas perdidas y la angustia del corte.

Las interrupciones. Cuando Kafka resuelve esa cuestión –cada vez que la resuelve– y persiste sin detenerse, se convierte en un escritor.

La escena inaugural de su escritura está ligada a la escritura sin cortes y sólo a eso. En una noche de 1912 escribe «La condena» de un tirón, directamente en su diario. Kafka recordará toda su vida aquella noche como el instante en que sus sueños de escritor se vieron cumplidos.

«La condena» ha sido posible, según él, porque no sufrió ninguna interrupción. La clave es haberla escrito de una vez, sin dudar, en silencio, aislado de todo.

El relato de cómo ha sido escrita explica, para Kafka, la calidad de la historia. Toda su vida será un intento de repetir esa experiencia. Kafka la narra con precisión extrema.

Diario, 25 de septiembre de 1912. «Esta historia, "La condena", la he escrito de un tirón, durante la noche del 22 al 23, entre las diez de la noche y las seis de la mañana. Casi no podía sacar de debajo del escritorio mis piernas, que se me habían quedado dormidas de estar tanto tiempo sentado. La terrible tensión y la alegría a medida que la historia iba desarrollándose delante de mí, a medida que me iba abriendo paso por sus aguas. Varias veces durante la noche he soportado mi propio peso sobre mis espaldas. Cómo puede uno atreverse a todo, cómo está preparado para todas, las más extrañas ocurrencias, un gran fuego en el que mueren y resucitan. Cómo empezó a azulear delante de la ventana. Pasó un carro. Dos hombres cruzaron el puente. La última vez que miré el reloj eran las dos. En el momento en que la criada atravesó por primera vez la entrada escribí la última frase. Apagar la lámpara, claridad del día. Ligeros dolores cardíacos. El cansancio que aparece a la mitad de la noche. Mi tembloroso entrar en el cuarto de mis hermanas. Lectura. Antes, desperezarme delante de la criada y decir: "He estado escribiendo hasta ahora." El aspecto de la cama sin tocar, como si la hubiesen traído en ese momento.»

Ha llegado el alba y el final. Toda la noche ha estado escribiendo sin la tentación de detenerse en una frase a medio hacer. Por eso, quizá, le gusta especialmente la perfección del último párrafo de «La condena»: «En aquel momento atravesaba el puente un tráfico realmente interminable.» («Una frase perfecta», le dirá años más tarde a Milena.) La forma se define en esa frase, la historia, por fin, encuentra su final.

Ser un escritor para Kafka quiere decir escribir en esas condiciones. La escritura existe si se han creado las condiciones materiales que la hacen posible. Difícil encontrar un escritor más materialista.

Así concibe su relación con la escritura; mejor, así concibe la relación entre la escritura y la vida. No hay oposición, sólo que la vida se debe someter a esa continuidad porque, en definitiva, ésa es la experiencia para Kafka.

Ahora se ve más claro. El relato de la noche en que escribe «La condena» es la réplica –la inversión– perfecta de la noche que aparece en el poema chino. Recordemos otra vez el final de su anotación en el *Diario* del 25 de septiembre de 1912. Kafka ha pasado la noche en vela, escribiendo «La condena». Empieza a clarear. La criada aparece cuando escribe la última frase. Ha llegado el alba y apaga la lámpara. Nadie ha venido a arrebatársela. El lecho está sin tocar.

Desde luego, parece un comentario del poema chino

que le va a enviar a Felice dos meses después. Una escena se liga con otra, una situación define el sentido de la otra. Quiero decir, el poema chino está relacionado con el relato de la noche en que escribe «La condena». Las escenas se unen y se desdoblan y Felice está entre el poema y el relato (está en el poema y en el relato).

Esa noche, en las condiciones de aislamiento y soledad que han hecho posible la escritura, hay algo que falta decir. Y Kafka mismo se encargará de establecer la conexión.

El relato está ligado a Felice. La mujer a la que ha visto una sola vez se le aparece como la otra condición de la escritura. «Conclusiones de "La condena" para mi caso. Le debo a ella la historia por caminos extraviados», anota en su *Diario* el 14 de agosto de 1913. Ya sabe, a su manera, que ella ha estado ligada desde siempre a esa historia. Ha sido escrito por ella y también para ella y por eso se la dedica.

No es fácil entender la relación. Ha visto una sola vez a Felice, en una reunión en casa de Max Brod. De hecho es una desconocida. Mejor sería decir, él es un desconocido para ella. El 20 de septiembre, dos días antes de la redacción de «La condena», le ha enviado la primera carta a Berlín.

«Señorita. Ante el caso muy probable de que no pudiere acordarse de mí lo más mínimo, me presento ante usted de nuevo: me llamo Franz Kafka, y soy aquel a quien saludó por primera vez una tarde en la casa del señor director Brod, en Praga...» Eso se llama empezar.

La ha visto una vez (la ha entrevisto, digamos), pero la trama ya está construida. No le hace falta mucha realidad a Kafka, un fragmento mínimo le alcanza. «Invisible era el mundo de los hechos que contaban para él», ha escrito Max Brod. Se define así cierto nexo entre la escritura y la vida que no pertenece a la categoría de lo autobiográfico.

El relato está ligado a Felice, pero el propio Kafka desconoce la razón. La extraña conexión se hará clara recién meses después. El procedimiento es clave: Kafka primero establece un enlace enigmático y luego encuentra el sentido.

El 11 de febrero de 1913 escribe en su *Diario:* «Con ocasión de estar corrigiendo las pruebas de imprenta de "La condena" voy a anotar todas las correlaciones que se me han vuelto claras en esta historia, en la medida en que las tenga presentes.» Entonces comienza a traer de lo real fragmentos astillados que aparecen desplazados y cifrados en el relato. Empieza a entender la relación: «Frieda tiene el mismo número de letras que Felice y la misma inicial. Brandenfeld tiene la misma inicial que Bauer y mediante la palabra Feld también cierta relación en cuanto a su significado.» Frieda y Felice responden a la misma raíz alemana que felicidad.

Este procedimiento de relacionar «por caminos extraviados» lo que ha vivido con lo que ha escrito, percibir fragmentos de realidad cifrados en los textos, es una de las claves del efecto Kafka.

Escrito el 23 de septiembre de 1912, un mes después de haberla visto por primera vez, el relato transforma el encuentro con Felice en un compromiso matrimonial: «Pero Georg prefería escribir cosas de este tipo a confesar que él mismo se había comprometido hacía un mes con la señorita Frieda Brandenfeld.» Por eso Kafka concluye su análisis de «La condena» en el *Diario* con una frase que repite la forma adversativa de la frase del relato y actúa casi como una advertencia: «Pero Georg», previene Kafka, «sucumbe a causa de su novia.»

En ese relato sobre enviar una carta y sobre un compromiso matrimonial, sobre la soltería y el matrimonio, Kafka anticipa lo que vendrá, lee ahí lo que todavía no ha vivido. En más de un sentido el texto cifra su situación futura con Felice. «Se preparaba para vivir una soltería definitiva.»

La intriga está definida (a su manera) toda de una vez.

La clave es cómo lee Kafka su propio relato, qué lee allí. Porque Kafka descubre un nuevo modo de leer: la literatura le da forma a la experiencia vivida, la constituye como tal y la anticipa.

Se trata de correlaciones y de lazos. Kafka concluye así la anotación sobre la noche en que escribe «La condena»: «Muchos sentimientos acarreados mientras escribía: por ejemplo la alegría de tener algo bello para la Arcadia de Max; naturalmente he pensado en Freud» (*Diario*, 25 de septiembre de 1913). Se trata de desplazamientos y de movimientos del sentido. Poner en relación los acontecimientos (representados y externos) de la narración, *acarrear* lo que está en otro lado, establecer el enlace entre los fragmentos invisibles. Kafka busca la realidad que puede haberse depositado –cifrada– en el texto y la acarrea.

En lugar de una interpretación, tenemos el relato de lo que está por venir; mejor, la interpretación se convierte en relato (de las múltiples conexiones inesperadas). La escritura es una cifra de la vida, condensa la experiencia y la hace posible.

Por eso Kafka escribe un diario, para volver a leer las conexiones que no ha visto al vivir. Podríamos decir que escribe su *Diario* para leer desplazado el sentido en otro lugar. Sólo entiende lo que ha vivido, o lo que está por vivir, cuando está escrito. No se narra para recordar, sino para hacer ver. Para hacer visibles *las conexiones*, los gestos, los lugares, la disposición de los cuerpos.

Por eso Kafka es un gran escritor de cartas. Le escribe al otro lo que ha vivido. Escribe para que el otro lea el sentido nuevo que la narración ha producido en lo que ya se ha vivido. El otro debe leer la realidad tal cual él la experimenta. Desde luego, ésa es la lección que debemos extraer para leer la literatura de Kafka.

La clave es que para entender y establecer la conexión hay que narrar otra historia, estar afuera.

Un ejemplo es el modo en que Kafka le cuenta a la propia Felice, en su prodigiosa carta del 27 de octubre de 1912, el encuentro que han tenido un tiempo antes. Es la quinta carta que le escribe y es una operación de captura. «Le tendí a usted la mano por encima de la gran mesa antes de ser presentado, pese a que usted apenas se había levantado, y, probablemente, no tenía ninguna gana de tenderme a mí la suya.»

Le describe los lugares del encuentro, la casa, la disposición de los cuartos, qué hacía cada uno en distintos momentos, qué palabras se dijeron, como si ella no hubiera estado allí o no hubiera podido ver: «Al levantarse se vio que tenía usted puestas unas zapatillas de la señora Brod, ya que sus botas tenían que secarse. Había hecho un tiempo espantoso durante todo el día. Extrañaba usted un poco aquéllas y, al terminar de atravesar la oscura sala central, me dijo que estaba acostumbrada a zapatillas con tacones. Tales zapatillas eran para mí una novedad.»

Así se narra. En todo caso, eso es narrar para Kafka. El fluir del indirecto libre. La mirada pura, la atención extrema. Los gestos, las posiciones del cuerpo. La educación sentimental. El que lee el relato es el protagonista de la narración.

Desde luego, además de contarle a ella lo que ha vivido, se lo cuenta a sí mismo: «Después, no, fue antes, pues en ese momento estaba sentado en las proximidades de la puerta, o sea, en posición oblicua respecto a usted.»

Se trata siempre de establecer un nexo (entre conocerse y darse la mano, entre los zapatos y las chinelas); Kafka está siempre atento a la disposición espacial. La correlación que permite entender es necesariamente un relato que narra un nexo invisible entre dos hechos.

Esto se ve claro en la «Carta al padre». Podríamos decir que esa carta es otra vez un intento de volver a narrar lo que los dos han vivido. No interesa el remanido tema de la relación con el padre (que por otro lado es el mismo asunto que aparece en «La condena»), sino cómo Kafka cuenta lo que ha vivido para que su padre lo lea: «Sólo recuerdo de primera mano un suceso de los primeros años. Una noche me dio por gimotear una y otra vez pidiendo agua, no porque tuviera sed, sin duda, sino para fastidiar y al mismo tiempo para distraerme. Después de intentar sin éxito hacerme callar con graves amenazas, me sacaste de la cama, me llevaste a la galería, cerraste la puerta y me dejaste un rato ahí afuera solo en camisón.»

Luego de fijar los hechos, Kafka se detiene en los nexos incomprensibles para el que vive la experiencia: «Debido a mi manera de ser jamás pude comprender la relación entre pedir agua y que me sacaras de la casa.»

La experiencia es enigmática. El relato establece un sentido incierto. El chico que vive la situación no la comprende. Lo mismo sucede en *El proceso* y en *El castillo*. K nunca entiende lo que le pasa. Y en «La condena» no hay relación lógica entre la frase del padre y el suicidio. «Te condeno a morir ahogado», le dice el padre, y el hijo sale a la calle y se arroja al río. George toma la frase del padre literalmente, y la vive (o muere por ella). En todo caso, la frase implica una acción narrada. George no encuentra la relación, pero la actúa.

Podríamos decir que hay relatos de Kafka en los que se narra desde el que no entiende la conexión y sólo la vive, y relatos de Kafka que se narran desde el que ve las conexiones que nadie ve. Y, habitualmente, el que ve la conexión mientras los hechos suceden es un animal (es decir que está afuera). «Investigaciones de un perro», «Informe para una academia», «Josefina la cantora o el pueblo de los ratones» podrían ser ejemplos claros de este modo de ver. Desde luego, «La metamorfosis» narra el pasaje de un estado al otro.

Ése es el modo que tiene Kafka de leer la literatura: primero concentra la historia en un punto, luego invierte la motivación y establece nuevas correlaciones; inmediatamente narra su versión de la historia (narra lo que no ha visto el narrador original). Bastaría recordar su modo de leer una de las escenas básicas de la *Odisea*. Las sirenas tienen un arma más terrible que su canto: su silencio, dice Kafka. Una gran red es condensada al máximo en una imagen que establece relaciones nuevas.

Lo mismo hace con don Quijote en «La verdad sobre Sancho Panza»: «Sancho Panza –que por lo demás nunca se jactó de ello– en el transcurso de los años logró, componiendo una gran cantidad de novelas de caballería y de bandoleros, en las horas del atardecer y de la noche, apartar de tal manera de sí a su demonio (al que después dio el nombre de don Quijote).»

Kafka invierte las relaciones, cambia los nexos. No hay mediaciones. Una condensación tan radical lleva la lectura a su límite. Leer hace ver nuevas conexiones.

Veamos su lectura de *Robinson Crusoe* que irrumpe bruscamente en una nota del *Diario* del 18 de febrero de 1920: «Si por terquedad o por humildad o por miedo o por ignorancia o por nostalgia no hubiera abandonado nunca Robinson el punto más alto o, mejor dicho, el más visible de su isla, pronto habría perecido, pero como, sin prestar atención a los barcos y a sus débiles catalejos, empezó a investigar toda su isla y a deleitarse con ella, se conservó vivo y a la postre –con una lógica que de todos modos no le es necesaria al entendimiento– fue encontrado.»

Para Kafka, la novela de Defoe se centra en su disposición espacial. Como siempre en Kafka, hay que establecer una topografía. La literatura produce lugares y es allí donde se asienta la significación.

La red amplísima del sentido se lee en un contraste neto (entre la atención de Ulises y el silencio de las sirenas, entre Sancho que escribe y don Quijote que lee, entre vigilar en la isla o adentrarse en ella) que hace visible un orden nuevo e invierte el sentido original. Ese modo de fijar la correlación central define *una lógica que de todos modos no le es necesaria al entendimiento.* Es un modo de ligar dos elementos, un nuevo modo de leer y de percibir la realidad.

Ése es el modo de ser de la experiencia para Kafka. Sólo es visible lo que es imposible. Todo catalejo es débil.

Se ve lo que Kafka exigía de sus textos. Mucho más que la perfección de la forma. Debían establecer, hacer visible, la lógica imposible de lo real (y ésa era, por supuesto, la perfección de la forma).

Ahora se entiende mejor el uso que hace Kafka del poema chino. Ver *cómo lee* el poema chino, cómo vuelve a leerlo, es ver cómo usa una situación narrativa para entender lo que está por vivir o lo que ya ha vivido. La escena de lectura del poema funciona de modos diversos. Kafka lo lee a su manera, varias veces, en función del contexto. («Soy un lector tolerable pero muy lento», le dirá a Milena.) Lo da a leer y lo usa en relación con una experiencia. Cada lectura produce un relato. La lectura suspende la experiencia y la recompone en otro contexto.

El laboratorio Kafka. El chino y la mujer. La interrupción. La lámpara. El lecho. Mantener el trabajo nocturno. Pero, entonces, qué relación tiene con la muchacha, qué hacer con ella.

Para entender la conexión hay que narrar otra historia. O narrar de nuevo una historia, pero desde otro lugar, y en otro tiempo. Ése es el secreto de lo que hay que leer. Y eso es lo que la literatura, según Kakfa, hace ver sin explicar.

«La condena» articula dos momentos.

Por un lado, su aislamiento personal, que no ha cesado de aumentar en esos meses de 1912. Por otro lado, la aparición de Felice Bauer, que se hace ver y se mantiene luego a distancia (vive en Berlín). Esa mujer fugaz es una conexión, un puente, está ligada a su literatura, a lo que Kafka entiende por eso. Klaus Wagenbach, el biógrafo de Kafka, lo ha hecho notar: «Ya en una de sus primeras cartas Kafka le explica a Felice que incluso el hecho de pensar en ella tiene relación con su actividad como escritor.»

Entonces necesita estar solo, aislado, en la cueva, pero también necesita una mujer que espere (y haga posible) lo que escribe. ¿Cómo quedarse allí y no salir nunca? O, mejor, ¿cómo llevar a una mujer a la cueva? O, en todo caso, ¿qué clase de mujer?

«La condena» duplica la relación entre experiencia y sentido. Entre el enigma de la experiencia y el sentido incierto que establece el relato.

La historia de la noche en que escribió «La condena» se concentra en un vínculo múltiple. Allí Kafka hace ver la conexión secreta entre el relato y Felice Bauer. No entiende de qué se trata, ni interpreta, sencillamente registra y hace ver los nexos.

Una particularidad de Felice Bauer permite el enlace. Un dato específico, digamos así, hace posible la conexión.

Hay algo extraño, algo que no está claro, en el modo en que Kafka se *fija* en Felice desde el primer encuentro.

Tenemos datos muy precisos de la noche en que se conocieron. Casi todos los que han escrito sobre esos años de Kafka (Canetti, Deleuze, Citati, Wagenbach, Josipovici, Marthe Robert, Unseld, Stach) han hablado de esa noche y se han referido a esa situación. Pero si sabemos todo de ese primer encuentro es sencillamente por el modo en que Kafka lo ha contado. Habría que decir que sabemos todo porque Kafka lo ha contado. Veamos qué sucedió.

La noche del 13 de agosto de 1912, Kafka va a la casa de Max Brod con el manuscrito de su primer libro para preparar la publicación. Son las breves prosas de «Contemplación», un acontecimiento, por supuesto, en la historia de la literatura. Pero al llegar se encuentra con una sorpresa. («Ninguna sorpresa es agradable», le escribe Kafka a la hermana de Brod un tiempo después.) Ahí está Felice Bauer, una pariente lejana de Brod que vive en Berlín, está de paso por Praga y al día siguiente viaja a Budapest.

Para Kafka, el encuentro se liga con la publicación de su libro. Al día siguiente le escribe a Brod: «Ayer, al ordenar los breves textos, me hallaba bajo el influjo de la señorita; y es muy posible que debido a ella se haya deslizado una que otra torpeza.» Está perturbado por Felice. La ha visto una vez. ¿Qué ha sucedido?

Kafka ha puesto los ojos en esa mujer. A su manera, claro, si nos guiamos por la anotación que hace en el *Diario* una semana después, el 20 de agosto de 1912. Una descripción fría y despiadada, típica de Kafka. Todo es a la vez extremadamente nítido y un poco siniestro.

«La señorita Felice Bauer. Cuando llegué a la casa de Brod el 13 de agosto ella estaba sentada a la mesa y, sin embargo, me pareció una criada [*Dienstmaedchen*]. No tuve la más mínima curiosidad por saber quién era, pero enseguida me entendí con ella. Cara larga, huesuda, que mostraba abiertamente su vacío. Cuello desnudo. Blusa puesta con desaliño. Parecía vestida como para andar por casa, aunque no era así, como se mostró más tarde. (Invadiendo así su intimidad se me hace más extraña.) Nariz casi rota, pelo rubio, algo lacio, nada atractivo, barbilla robusta. Mientras me sentaba la miré por primera vez con más detenimiento; cuando estuve sentado ya tenía un juicio inquebrantable. Como se...»

Como hemos visto, la anotación del diario se interrumpe ahí.

Veamos ahora la observación de Kafka: «*Me pareció una criada.*» Paradójicamente, debemos ver en ese comentario un signo de interés. Así suelen ser las mujeres que aparecen en sus novelas. Podríamos decir que la criada es casi la única figura de mujer (con sus transformaciones) que aparece en los relatos de Kafka con una función muy concreta en la trama. Esas sirvientas vulgares rondan las escenas masculinas y se asocian, como ha señalado Wagenbach, con las prostitutas. Básicamente, una mujer a la que se le paga para que sirva. (La criada, una figura social clásica en una familia de clase media, es también una figura de iniciación en ese ámbito.)

De hecho «El fogonero» (el primer capítulo de su primera novela, *América*, escrito en esos días) empieza con la mención de «Karl Rossman, un joven de dieciséis años al que sus pobres padres habían enviado a América porque una criada [*Dienstmaedchen*] lo había seducido y había tenido un hijo con él...».

Felice: una criada.

Digamos que esa manera de describirla, de definirla, es un signo de que se ha detenido en ella, o, mejor, de que la ha traído a su mundo. Así ve Kafka y así narra: captura algo del mundo real y lo lleva a la cueva. Deleuze ha hablado ya del vampirismo de Kafka. Desde luego, se trata de un modo de narrar y de un modo de ver; siempre hay una transformación, siempre hay una metamorfosis.

Dos cuestiones más del mismo orden deben llamarnos la atención. Esa noche hay otro pequeño detalle que refuerza la impresión de Kafka. (Hablamos de impresión en el sentido fotográfico, ya que la noche del primer encuentro las fotos que Kafka muestra a Felice ocupan un espacio importante en la velada. Y las fotos, el pedido de que ella le mande fotos, el envío de fotos, la descripción de lo que se ve en ellas, acompañarán toda la correspondencia.)

Felice debía partir muy temprano a la mañana siguiente, pero ha decidido pasar la noche leyendo. «El que no hubiera hecho aún el equipaje y quisiera seguir leyendo en la cama» inquieta a Kafka. «La noche anterior había usted leído hasta las cuatro de la mañana.»

La novia de Franz, como ha sido llamada por Reiner Stach en su excelente libro *Kafka. Los años de las decisiones*, tenía que ser una lectora apasionada que se desvela y pasa la noche leyendo (insomne, con todo lo que eso supone para Kafka).

Felice se convertirá para Kafka básicamente en una lectora y ocupará diversas posiciones de espera. Debe leer las cartas, los manuscritos. ¿Se puede atar a una mujer con la escritura? ¿Para hacerla hacer qué? Leer... Antes que nada hay que probarla con las cartas: entonces la somete a una lectura interminable, una exigencia continua. Ella es la lectora obediente, una criada; debe leer y permanecer atada a la escritura.

Kafka ha construido imaginariamente, podemos conjeturar, la figura de la lectora que se desvela con sus manuscritos. Las cartas son una prueba de ese mecanismo de control y seducción (y esclavitud). Obligar al otro a leer. Una mujer es la figura sentimental que permite unir la escritura y la vida.

Así se explica que al final de la noche, cuando se separaron, Kafka cometiera un pequeño desliz. «Cuando ella le preguntó dónde vivía —nada más que por una cortés indagación, para saber si no tenía que dar un rodeo demasiado largo— creyó que le pedía su dirección postal para escribirle una carta», señala Reiner Stach.

Pensó de inmediato en empezar una correspondencia. Se abre una serie allí: el equívoco, la impresión, la atracción, las cartas; todo desde el primer momento. La mujer que pasa la noche leyendo.

UN GOLPE EN LA MESA

Hay algo en ese primer encuentro con Felice que está dicho y no dicho al mismo tiempo —y esto es clásico en Kafka—. Una correlación secreta que debemos reconstruir. Un pequeño indicio, una serie de pequeños indicios, un signo que leído a la manera de Kafka podemos imaginar como el nexo que permite narrar —dar a entender antes que explicar— la historia de Franz y Felice. En todo caso, una red de correlaciones para imaginar lo que él vio en esa mujer.

La correlación tiene para Kafka un sentido personal y pleno nunca formulado del todo. El punto que le permite establecer el nexo se hace visible en un momento de la conversación de esa noche en la casa de Brod. Una pequeña situación imperceptible para cualquiera que no fuera Kafka y que creo que no ha sido analizada.

Su marca es un gesto. Un golpe en la mesa. Se trata de un clásico llamado de atención, sobre todo si vemos lo que ha causado su reacción.

«En cambio», le escribe Kafka a Felice el 2 de octubre de 1912, «guardo aún en la memoria algo que ocurrió en la otra habitación y que me llenó de tal asombro que di un golpe sobre la mesa [*dass ich auf den Tisch schlug*].»

Un gesto. Walter Benjamin ha escrito ya cosas definitivas sobre el gesto en Kafka, sobre el sentido del gesto en Kafka. «Toda la obra de Kafka representa un código de gestos que no poseen a priori para el autor un claro significado simbólico, sino que son interrogados a través de ordenamientos y combinaciones siempre nuevos. Los gestos de los personajes de Kafka son demasiado fuertes para su ambiente e irrumpen en un espacio más vasto. Cada gesto es un acontecimiento y casi podría decirse un drama. Kafka quita al gesto de los hombres sus sostenes tradicionales y tiene de tal suerte un objeto para reflexiones sin fin.»

Algo que ocurrió, entonces, en «la otra habitación» hizo a Kafka dar un golpe en la mesa. ¿Qué fue lo que sucedió? Debemos reconstruir la escena.

Esa noche en la casa de Brod, pasan la velada en dos cuartos separados por una oscura sala central. En uno de los cuartos, en la sala de piano, Felice se sienta junto a él; poco antes, en «el otro cuarto», han estado sentados alrededor de la mesa, mirando fotos que Kafka ha traído de la casa de Goethe. Felice muestra cierto interés, todos conversan. Pero algo, en un momento imperceptible y a la vez marcado, define todo.

«Felice dijo que le entusiasmaba copiar manuscritos y pidió a Brod que le enviara unos cuantos a Berlín. Al oír esto Kafka se asombró tanto que dio un golpe en la mesa», cuenta Canetti.

«Era mecanógrafa de profesión y le encantaba, dijo, copiar manuscritos, y pidió a Brod que le mandara a Berlín sus trabajos. Kafka dio una palmada en la mesa de puro asombro», señala Stach.

Luego pasan a la sala de piano y la velada continúa. Kafka lo ha contado a su manera en su carta del 27 de octubre de 1912:

> En la sala de piano se sentó usted frente a mí, y yo empecé a extenderme sobre mi manuscrito. Todo el mundo se puso a darme consejos extraños respecto al envío [se refiere así al original que debe preparar para la publicación], pero no me es posible ya recordar cuáles fueron los suyos. En cambio guardo aún en la memoria algo que ocurrió en la otra habitación y que me llenó de tal asombro que di un golpe sobre la mesa. Dijo usted en efecto que le gustaba copiar manuscritos, que, de hecho, en Berlín, copia usted manuscritos para no sé qué señor (¡maldito sonido el de esta palabra cuando no va unido a ningún nombre ni a ninguna explicación!).

Hay una simultaneidad (una especie de confusión) entre el espacio y el tiempo en el relato que Kafka hace de esa situación que —como en todos sus textos narrativos— plantea problemas de sentido. Todo pasa siempre al mismo tiempo en varios espacios; todo pasa en otra habitación (basta pensar en «La metamorfosis»). Desde luego, en ese fragmento de disposición extraña, con dos espacios y dos momentos simultáneos, Kafka une sus propios manuscritos con el gusto de Felice por copiar.

Felice Bauer, la mecanógrafa, la mujer-copista: Kafka se fija en ella para siempre. Podríamos decir que la mujer perfecta para un escritor como Kafka (que concibe la escritura como un modo de vida) es una copista. Una lectora que vive para copiar sus textos como si fueran propios.

Felice, la mujer-lectora ligada a su escritura sin fin; alguien capaz de sacarlo de la profundidad de la masa de manuscritos. Kafka, el escritor más necesitado de un corte entre los manuscritos y la copia que podamos imaginar (en eso era como Macedonio Fernández).

Si tenemos en cuenta el sentido de la escritura continua e interrumpida de Kafka, la fantasía parece muy directa. En la edición actual de las *Obras Completas* hay 3.500 páginas escritas en los cuadernos, con tres novelas sin terminar con múltiples anotaciones, relatos y fragmentos, mientras que hay sólo 350 páginas pasadas en limpio y enviadas al editor. De hecho, la mayor parte de sus textos está en cuadernos y los textos suelen pasar confusamente de uno a otro. Se encuentran a menudo hojas sueltas intercaladas. Kafka en esto también era como Macedonio Fernández, pasaba de un texto a otro, de una anotación a otra, sin distinción entre los garabatos y el original.

Kafka escribe a mano con lápiz o con tinta. ¿Son dos momentos del manuscrito? ¿Dos versiones? ¿Una es más definitiva que la otra? Difícil saberlo. Por ejemplo, las dos cartas encontradas en su escritorio luego de su muerte con la orden de quemar sus manuscritos –quizá los dos textos decisivos de Kafka como autor– están escritas, la primera, en 1921, con tinta, y la segunda, en 1922, con lápiz.

Pequeños detalles y pequeñas distinciones. Sin mayor

importancia, salvo en el laboratorio de Kafka. Digamos que Kafka era muy consciente de los distintos pasos y transformaciones de la escritura: el manuscrito, los cuadernos, el original, la copia, las pruebas de imprenta. Pasos en la lectura de sus propios textos. La dificultad es, por supuesto, salir de la versión solitaria y nocturna hacia la versión final, ir del manuscrito al original y a la copia. (Joachim Unseld ha trabajado muy bien estos problemas en su libro *Franz Kafka. Una vida de escritor.*)

El 7 de agosto de 1912 estaba empezando la primera revisión de *Contemplación* y le escribe a Brod que se siente «incapaz de pasar en limpio esos breves fragmentos» que aún quedaban sin pasar. «Por lo tanto no voy a publicar este libro», concluye.

La experiencia es la escritura sin fin: alguien debe venir a rescatarlo para salir de la indecisión y tener algo que pasar en limpio. «¿Podría usted enviarme, para mi más grande satisfacción, sus nuevos trabajos en una copia escrita a máquina?», le escribe Kurt Wulff, su editor. Alguien debe ayudarlo a transformarse de escritor en autor, a pasar de K. a Kafka, de la letra personal a la palabra pública. Hace falta un paso intermedio, un desdoblamiento.

La figura de la mecanógrafa es imaginariamente la intermediaria: copia un texto para hacerlo legible, para enviarlo (como la primera noche) al editor.

Algo de la historia de la técnica entra en esto. Felice está en el límite de la transformación de la figura de la mujer que lee. Trabaja copiando textos. Escribe a máquina. (*«I feel that I have done something for the women who have always had to work so hard. This will enable them more easily to earn a living»*, decía Christopher Latham Sholes, inventor de la máquina de escribir.) Es la nueva profesión de las mujeres, como ha hecho notar también

Margery Davies en su libro *Woman's Place Is at the Typewriter: Office Work and Office Workers, 1870 to 1930.*

La máquina de escribir separa históricamente la escritura artesanal y la edición. Cambia el modo de leer el original, lo ordena. De hecho, fue inventada para copiar manuscritos y facilitar el dictado, pero rápidamente se convirtió en un instrumento de producción. Con todas sus particularidades. (Y el poeta norteamericano Charles Olson ha hecho un análisis muy sutil de la escritura a máquina y de sus efectos en el estilo poético. Lo mismo, desde luego, podríamos decir hoy sobre los ordenadores de textos.)

Kafka está en el momento de paso de la escritura a mano, en cuadernos, a la escritura a máquina que se ha comenzado a difundir en esos años, ligada básicamente al comercio y al mundo militar. En ese sentido, tiene clara la distancia entre escribir de una forma o de otra.

«El inconveniente de escribir a máquina es que uno pierde el hilo», le dice Kafka a Felice en su primera carta del 20 de septiembre. La máquina de escribir no es para escribir, produce una deriva, se pierde la línea, la continuidad, la mano se aleja del cuerpo, se mecaniza («la mano que en estos momentos está pulsando las teclas», observa Kafka en tercera persona en esa carta a Felice).

Antes que la claridad de la grafía, interesa el ritmo corporal de la escritura, muy ligado para Kafka a la respiración, a los órganos internos, a los ritmos del corazón. Incluso a una extraña relación con la velocidad. «Discúlpeme si no escribo a máquina, pero es que tengo una enorme cantidad de cosas que decirle, la máquina está allá en el corredor [...] además la máquina no me escribe lo suficientemente veloz», le dice una semana después.

La máquina de escribir no le sirve a Kafka para la escritura personal. La asocia con la burocracia, con los textos legales (dictámenes, informes, legajos), con una escritura despersonalizada y anónima. «Por eso me siento tan atraído por la máquina de escribir en todos los asuntos relacionados con la oficina pues su trabajo –realizado además por la mano del mecanógrafo– es tan anónimo» (carta del 20 de diciembre de 1912).

Kafka también está ligado a una nueva práctica que surge en esos tiempos y que ejercita en la oficina: el dictado (ya sabemos lo que Roa Bastos ha sido capaz de hacer con esa figura en *Yo, el supremo:* el dictador, el que dicta). Dictar es «mi principal ocupación», dice Kafka al referirse a su trabajo, «cuando, en casos excepcionales, no escribo yo mismo a la máquina» (carta del 2 de noviembre de 1912).

Podríamos decir que –a diferencia de Henry James– la idea de dictar sus propios textos escapa totalmente a la órbita de Kafka. Muchos han visto en el estilo del último Henry James la marca de los textos dictados a una mujer. Pero la máquina de escribir y el dictado están ligados para Kafka al mundo de la oficina.

En su cueva, en la madriguera, es otra la idea de copia que circula, otro tipo de máquina. La mujer sola, que trabaja y se gana la vida, Felice Bauer, la mecanógrafa de profesión. La lectora-copista, la mujer-máquina de copiar: eso es lo que Kafka ve en ella.

Podemos pensar que en ese proceso surge la ilusión de una mediación. Una figura interna, diríamos, una mujer amada –una mujer a la que se ama por eso– que hace lo que Kafka no puede hacer. Felice Bauer, la pequeña-mecanógrafa, como la llama Kafka.

La noche del primer encuentro, Kafka ha construido imaginariamente la figura de una lectora atada a sus manuscritos. Una figura sentimental que une la escritura y la vida. La mujer perfecta en la perspectiva de Kafka (pero no sólo de él) sería entonces la lectora fiel, que vive su vida para leer y copiar los manuscritos del hombre que escribe.

Se trata de una gran tradición: basta pensar en Sofía Tolstói, que copia siete versiones completas de *La guerra y la paz* (al final pensaba que la novela era de ella y empezaron los conflictos brutales con el marido). Hay que leer su diario y el de Tolstói. La guerra conyugal.

Y si seguimos con las lectoras-copistas rusas, podemos recordar la historia de Dostoievski, que Kafka conocía muy bien. Ese momento único (sobre el que Butor escribió un bellísimo texto) en que, apremiado por sus deudas, debe escribir al mismo tiempo *Crimen y castigo* y *El jugador* (uno a la mañana y otro a la tarde) y decide contratar a una taquígrafa, Anna Giriegorievna Snitkine. Entre el 4 y 29 de octubre de 1866 le dicta *El jugador* y el 15 de febrero del 1867 se casa con ella, luego de pedirle la mano el 8 de noviembre: una semana después de terminar el libro y un mes después de haberla conocido. Una velocidad dostoievskiana (y una situación kafkiana). La mujer seducida por el simple hecho de ver la capacidad de producción de un hombre. La mujer seducida mientras escribe lo que se le dicta.

Y está Véra Nobokov. La sombra rusa, la mujer que anda con un revólver para proteger al marido, su «ayudante» en las clases en Cornell (ésa es la palabra que usa Nabokov al presentarla) y, sobre todo, la copista, la que copia interminablemente los manuscritos, la que copia una y otra vez las fichas donde su marido escribe la primera versión de sus novelas. Y, además, la que escribe en su nombre las cartas. En la biografía de Stacy Schiff, *Véra*, se puede ver cómo se construye esa figura simbiótica de mujer-de-escritor, de mujer-dedicada-a-la vida-del-genio. Véra escribe como si fuera su marido. Ocupa, invisible, su lugar. Escribe en lugar de él, por él, y se disuelve.

La inversa, desde luego, es Nora Joyce, que se niega a leer cualquier página de su marido, ni siquiera abre el *Ulysses*, ni siquiera entiende que la novela está situada el 16 de junio de 1904 como recuerdo del día en que se conocieron. Nora se sostiene en otro lugar, muy sexualizado, al menos para Joyce. Eso es visible en las cartas que él le escribe. (Las cartas de Kafka a Felice son iguales a las de Joyce en un punto: le ordenan por escrito a la mujer lo que debe hacer, e incluso a veces lo que debe decir y pensar. La escritura como poder y disposición del cuerpo de otro. Otra forma de bovarismo: la mujer debe hacer lo que lee.)

Pero Nora es la musa, es Molly Bloom. Otra idea de mujer. Otro tipo de vampirismo funciona ahí. En todo caso, para Joyce el copista era... Beckett, que fue su secretario en París durante varios meses.

La mujer-copista y la mujer-musa: mujeres de escritores. La mujer fatal que inspira y la mujer dócil que copia. O dos tipos distintos de inspiración: la que se niega a leer y la que sólo quiere leer. Dos formas de la esclavitud. De hecho, Nora es la sirvienta de Joyce (y había trabajado como criada en un hotel en Dublín). En todo caso, las dos son criadas. Como la que cruza en el final de «La condena». O, mejor, como la criada a la que le muestra que se ha pasado la noche escribiendo.

También en Borges hay mucho de eso. En su relación

con las mujeres como lectoras, primero está el vínculo con la madre. Y luego la serie de mujeres-secretarias que le copian los textos (recordemos que Borges era ciego).

Todos los escritores son ciegos –en sentido alegórico a la Kafka–, no pueden ver sus manuscritos. Necesitan la mirada de otro. Una mujer amada que lea desde otro lugar pero con sus propios ojos. No hay forma de leer los propios textos sino es bajo los ojos de otro.

Kafka antes que nadie. Sensible a la mirada del otro, lee sus propios textos con los ojos del enemigo. En distintos momentos, todos ellos decisivos, somete sus escritos a la mirada del otro puro, especialmente de su familia, y sufre las consecuencias de esa lectura hostil. Bastaría recordar su iniciación como escritor.

El joven Kafka ha empezado a escribir lo que será una primera versión de *América*. Sentado a la mesa familiar, rodeado de parientes, hace ver que escribe. Uno de sus tíos le arrebata el texto. ¿Por curiosidad? «Se limitó a decir, dirigiéndose a los demás presentes, que lo miraban: "Lo de costumbre"; a mí no me dijo nada. Yo seguía sentado, inclinado como antes sobre mi escrito, cuyo escaso mérito acababa de quedar patente.» La lectura enemiga, la mirada hostil (y familiar). Hay muchas escenas parecidas en el *Diario*. Siempre se le arruina lo que escribe porque lo lee desde los ojos del otro-hostil.

En cambio, la mujer lo acompaña. Le escribe a Felice sobre *América*: «Es preciso, pues, que lo termine, seguramente que usted también opina así, de modo que, con su bendición, el poco tiempo que pudiera emplear [...] lo transferiré a este trabajo. [...] ¿Está usted de acuerdo? ¿Y va usted a no abandonarme a mi, pese a todo, espantosa soledad?» (carta del 11 de noviembre de 1912).

Están los dos movimientos: la soledad de la escritura y la necesidad de un contacto ligado a la lectura de sus textos. Piensa en una mujer que lo mire compasivamente, comprensivamente, frente a la cual adopta una posición infantil, subordinada y menor, que hace recordar al *Ferdydurke* de Gombrowicz. «Hoy te enviaré "El fogonero", a ver si lo acoges con cariño, siéntalo a tu lado y elógialo, como él lo desea», le dice en la carta del 10 de junio de 1913. Y cuando le envía su primer libro, le escribe: «Te ruego que seas considerada con mi pobre librito. Son aquellas pocas hojas que me viste ordenar la noche en que nos conocimos.»

Y están los dos movimientos de la mujer-lectora-ayudante. Por un lado, la copia de los manuscritos que es preciso pasar a máquina. El momento de la socialización, tan necesario para Kafka: imaginar una mujer amada, la mujer-máquina-de-copiar, que se ocupa de ese paso decisivo.

Y, por otro lado, la lectura y la escucha atentas. La mujer dispuesta a acompañar lo que se escribe. Leer a alguien en voz alta lo que se acaba de escribir es un ejemplo clásico de este movimiento. Hay muchos testimonios que señalan que a Kafka le gustaba leer sus textos en voz alta. Es lo que de hecho hace con sus hermanas inmediatamente después de terminar «La condena», como si la lectura fuera una continuidad de lo que ha escrito esa noche. Se levanta, pasa al otro cuarto y lee en voz alta lo que acaba de escribir.

Cuando Kafka ya se ha desengañado de Felice, hacia el final, cuando ella lo ha decepcionado, el 24 de enero de 1915 escribe en su *Diario:* «Tibia petición de que le permitiera llevar un manuscrito y copiarlo.» Ahora es la copista indiferente.

Y en el mismo párrafo aparece como una extraña que

se desconecta: «También le he leído algo mío, las frases se embrollaban de forma repulsiva, sin la menor conexión con la oyente, que estaba tumbada en el canapé, con los ojos cerrados, y acogía mi lectura sin decir palabra.»

Ya no hay vínculo entre ellos, todo ha terminado a esa altura. Pero Kafka registra los dos movimientos que están en el origen de la relación y que Felice ya no realiza. Ni la lectora-copista, que copia lo que lee; ni la lectora-oyente, a la que se le leen textos en voz alta, tendida en el canapé.

LA SEÑORITA BARTLEBY

El copista, el amanuense, el escribiente, el transcriptor que escribe fielmente lo mismo que lee: una representación extrema del lector. Bartleby, de Melville, es la figura literaria más radical de este tipo de lector-copista, lector-ayudante. El copista como héroe literario. Un mundo clausurado, hecho sólo de copias y lecturas. De ahí su extrañeza.

Agamben se ha referido en su ensayo «Bartleby y la contingencia» a las figuras que rodean al escribiente. Quisiera citarlo extensamente:

> Como escribiente Bartleby pertenece a una constelación literaria cuya estrella polar es Akakaij Akakievic («Allí, en aquella copia, se hallaba para él contenido en cierto modo el mundo entero [...] tenía preferencia por ciertas letras y cuando llegaba a ellas perdía por completo la cabeza»); en su centro se encuentran esos dos astros gemelos que son Bouvard y Pécuchet («esa gran idea que ambos alimentaban en secreto... copiar») y en su otro extremo brillan las luces blancas de Simon Tanner

(«"Soy escribiente", tal es la única identidad que reivindica») y del Príncipe Mishkin, capaz de reproducir sin esfuerzo cualquier caligrafía. Más allá, como un breve séquito de asteroides, los Secretarios de los tribunales kafkianos.

Metáforas extremas del lector. ¿Podríamos incluir a Pierre Menard en esa serie? Tal vez. El lector que escribe literalmente lo que lee, o lo que recuerda que ha leído. Copistas, asexuados pero sexualizados, llenos de deseo.

La posición-Kafka es entonces más extrema; la mujer-copista-traductora no copia legajos judiciales, copia los textos del amo-débil.

En este sentido, me gustaría construir otra red con la que rodear a Kafka. Habría que decir, mejor, que lo que rodea a Kafka (y también en un sentido a Bartleby) es otra correlación.

Se trata de la serie real de mujeres-copistas capturadas por los escritores a las que nos hemos referido ya. Sofía Tolstói podría ser el caso extremo y más interesante. Antes que nada porque ella escribe un diario (y también porque se rebela: *prefiere no hacerlo*). «Hoy me he preguntado por qué estoy tan harta del trabajo de transcripción que hago para Lev N, que es desde luego algo necesario [...] Cada trabajo exige que uno se interese en la calidad de su ejecución y sobre cómo y cuándo será terminado [...] En cambio en la transcripción del mismo escrito hecho por décima vez no queda nada. En este trabajo no hay nada que pueda ser hecho bien, no se puede prever nunca el fin y se continúa siempre retomando una y otra vez la misma cosa», anota el 17 de agosto de 1897.

Una mujer en la posición-Bartleby. La mujer obligada a copiar siempre lo mismo. Ella también se rebela.

Y aparece algo más secreto: el lector como figura femenina. En su libro sobre los orígenes de la lectura, *Phrasikleia. Anthropologie de la lecture en Grèce ancienne,* Jesper Svenbro ha hecho notar la asimilación del lector a una posición femenina en la tradición griega. La pasividad estaría ligada a la imposibilidad del lector de discutir e interrogar un texto escrito, a diferencia de lo que sucede en la oralidad. (Cortázar, desde luego, cayó en la trampa con su idea del lector hembra opuesto al lector macho en *Rayuela.)* Una pasividad que –siguiendo un estereotipo que viene de Freud– podríamos asimilar a una posición femenina. ¿Pasividad? No es el caso de Sofía Tolstói. Y, en un sentido, tampoco el de Felice.

Bartleby o la posición femenina. ¿Posición femenina? Bartleby y el rechazo tranquilo, la pasividad ligada a una firmeza y a una negación cerrada.

«Preferiría no hacerlo.» Un chiste freudiano.

Bartleby como objeto de deseo (ahí estaría lo cómico en la historia de Melville). La atracción de esa figura en la literatura tiene mucho que ver con la ambigüedad. Bartleby: fantasía masculina del lector que se niega. La lectora perfecta. La figura masculina, neutra y asexuada, pero llena de deseo (sexualizada y ambigua) del copista fantasmal.

Kafka no ha leído –por lo que sabemos– el relato de Melville, pero nosotros, porque hemos leído a Kafka, porque hemos percibido cómo lee Kafka, leemos ese relato de otro modo.

La esclava, hay cierta esclavitud en la posición de este extraño copista. Ahí es donde Bartleby es un precursor de Kafka, o mejor, un precursor de la figura imaginaria de Felice Bauer.

3. LECTORES IMAGINARIOS

UNA LIBRERÍA DE PARÍS

Una de las mayores representaciones modernas de la figura del lector es la del detective privado *(private eye)* del género policial. Y no me refiero a la lectura en sentido alegórico (Sherlock Holmes lee unas huellas en el piso), sino al acto de leer palabras impresas y descifrar signos escritos en un papel.

De hecho, la escena inicial del género (en el primer relato policial, «Los crímenes de la rue Morgue» de Poe, escrito en 1841) sucede en una librería de la rue Montmartre, donde el narrador conoce por azar a Auguste Dupin. Los dos están allí «en busca de un mismo libro, tan raro como notable». No sabemos qué libro es ése (como no sabemos cuál es el libro que lee Hamlet), pero sí el papel que cumple: «Sirvió para aproximarnos», se dice. El género policial nace en ese encuentro.

Dupin se perfila de inmediato como un hombre de letras, un bibliófilo. «Me quedé asombrado», confiesa el narrador, «por la extraordinaria amplitud de sus lecturas» [*at the vast extent of his reading*]. Esta imagen de Dupin como un gran lector es lo que va a definir su figura y su función.

77

Por otro lado, ese encuentro configura y anticipa la clásica pareja de hombres solos atados por la pasión de investigar. Dupin podría ser considerado la prehistoria o el germen de la serie de célibes fascinados por el deseo de saber: el soltero, solitario, extravagante, se une aquí –a la manera de Bouvard y Pécuchet pero también de Holmes y Watson– con un amigo, con quien convive.

«Quedó al fin decidido que viviríamos juntos durante mi permanencia en la ciudad. Como mi situación financiera era algo menos comprometida que la suya, logré que quedara a mi cargo alquilar y amueblar, en un estilo que armonizaba con la melancolía un tanto fantástica de nuestro carácter, una decrépita y grotesca mansión abandonada a causa de supersticiones, sobre las cuales no inquirimos.»

Dupin, el asocial, está afuera de la economía. Es su amigo, el narrador, quien financia su vida y actúa casi como la figura del mecenas con el artista. Hay un pacto económico (un pacto precapitalista, diría) en el origen del género, que preserva a Dupin de la contaminación del dinero y garantiza su autonomía.

Al mismo tiempo, se insinúa una vez más la tensión con lo que está más allá del mundo de la lectura y de los libros, en este caso la mansión abandonada y lúgubre, con sus supersticiones y posibles fantasmas; la tensión con el mundo gótico, con los espectros y las voces que llegan del más allá. Esta especie de nuevo Hamlet que aparece aquí encuentra en el espacio de la lectura y el desciframiento un modo de salir del mundo arcaico.

Cuando la historia de la rue Morgue está por comenzar, parece que vamos a encontrarnos con un relato de fantasmas. Pero lo que aparece es algo totalmente distinto. Un nuevo género. Una historia de la luz, una historia de la reflexión, de la investigación, del triunfo de la razón. Un paso del universo sombrío del terror gótico al universo de la pura comprensión intelectual del género policial. Se sigue discutiendo sobre los muertos y la muerte, pero el criminal sustituye a los fantasmas.

El paso de este universo arcaico y sombrío al universo de la pura razón tiene mucho que ver, una vez más, con el acto de leer e interpretar palabras escritas. Transformando el mundo de los espectros y los terrores nocturnos en un mundo de amenazas sociales y crímenes, el género pone en dimensión interpretativa y racional la serie de hechos extraordinarios y asombrosos que son materia del gótico.

La clave es que Poe ha inventado una nueva figura y de ese modo ha inventado un género. La invención del detective es la clave del género.

Borges ha señalado varias veces (especialmente en su debate con Callois en la revista *Sur*, en 1942) que el detective es la clave formal del relato policial. En principio, ésta es una diferencia esencial con quienes (como Roger Caillois, pero también como el historiador Haycraft, a quien Borges le dedica una reseña en la revista en septiembre de 1943) ven los orígenes del género en antiguos relatos de investigación que se remontan a la Biblia y a la tradición griega, con sus historias de desciframiento de enigmas, sueños y oráculos (Rodolfo Walsh sería un representante de esa línea, visible en el título de su ensayo «Dos mil quinientos años de literatura policial»).

El detective encarna la tradición de la investigación que hasta ese momento circulaba por figuras y registros diversos. La compleja red y la historia misma de esa función interpretativa se cristaliza ahora en él.

La lucidez del detective depende de su lugar social: es marginal, está aislado, es un extravagante. «Para hacer más raros a esos personajes», dice Borges en su conferencia sobre «El cuento policial», «hace que vivan en un mundo distinto del que suelen vivir los hombres. Cuando amanece corren las cortinas y prenden las velas, y al anochecer salen a caminar por las calles desiertas de París en busca de ese infinito azul, dice Poe, que sólo se da en una gran ciudad durmiendo.»

Además, como hemos dicho, el detective es soltero, un célibe. No está incluido en ninguna institución social, ni siquiera en la más microscópica, la célula básica de la familia, porque esa cualidad antiinstitucional (o no-institucional) garantiza su libertad.

La figura del célibe como espacio extremo de la autonomía, en la que hemos reparado a propósito de Kafka, toma aquí características nuevas. Hay un elemento extraño en las condiciones de interpretación que encarna el detective, y muchos de los rasgos inusuales que lo caracterizan a lo largo de la historia del género están allí para establecer la diferencia y la distancia.

Porque es libre y no está determinado, porque está solo y excluido, el detective puede ver la perturbación social, detectar el mal y lanzarse a actuar. Cierta extravagancia, cierta diferencia, insiste siempre en la definición de estos sujetos extraordinarios que se asocian en el caso de Dupin con la figura del hombre de letras, del artista *raro* y bohemio.

Dupin es antes que nada un gran lector, un nuevo tipo de lector, decíamos. Como en Hamlet, como en don Quijote, la melancolía es una marca vinculada en cierto sentido a la lectura, a la enfermedad de la lectura, al exceso de los mundos irreales, a la mirada caracterizada por la contemplación y el exceso de sentido. Pero no se trata de la locura, del límite que produce la lectura desde el ejemplo clásico del *Quijote*, sino de la lucidez extrema. Dupin es la figura misma del gran razonador. La lectura no es aquí la causa de la enfermedad, o su signo; más bien toma la forma de una diferencia, de un rasgo distintivo; parece más un efecto de la extrañeza que su origen.

LA CIUDAD HOSTIL

Si Hamlet es el lector en tensión con el escenario de la corte y las disputas políticas que suponen las relaciones familiares en el poder, Dupin es el que está, como lector, en tensión con el escenario de la ciudad, entendida como el espacio de la sociedad de masas.

«El contenido social originario de las historias de detectives», dice Walter Benjamin, «es la pérdida de las huellas de cada uno en la multitud de la gran ciudad.» En un sentido, podríamos decir que la figura del detective nace como efecto de la tensión con la multitud y la ciudad.

Poe localiza el género en París –la capital del siglo XIX, como decía Benjamin– y, desde luego, la ciudad es el lugar donde la identidad se pierde. «Es difícil mantener el orden en una población tan masiva donde por así decirlo cada uno es un desconocido para todos los demás», señala un informe de la policía de París en 1840. Benjamin ubica el género en la serie de procedimientos de identificación del individuo anónimo y la nueva cartografía de la ciudad. La numeración de las casas, las huellas dactilares, la identificación de las firmas, el desarrollo de la fotografía, el retrato de los criminales, el archivo policial, el fichaje. Las historias policiales, concluye Benjamin, surgen en el momento en que se asegura esta conquista sobre lo incógnito del hombre.

En esos mismos años, hacia 1840, Foucault sitúa el comienzo de la sociedad de vigilancia. Y el detective funciona a su modo, imaginariamente, en la serie de los sistemas de vigilancia y de control. Es su réplica y su crítica.

En el espacio de la masa y de la multitud anónima es donde surge Dupin, el sujeto único, el individuo excepcional, el que sabe ver (lo que nadie ve). O, mejor, el que sabe leer lo que es necesario interpretar, el gran lector que descifra lo que no se puede controlar.

No hay más que ver el modo en que Dupin niega todos los medios de control usados por el prefecto para registrar una casa y vigilar a un individuo en «La carta robada» (ese gran texto sobre la lectura): no son los medios mecánicos los que permiten controlar el delito, diría Poe, sino la inteligencia, la capacidad de identificarse con la mentalidad del criminal, las sofisticadas técnicas de interpretación de Dupin.

Dupin, el hombre aislado, va a toparse, a su manera, con los misterios de la ciudad, con los misterios de París, con el mundo amenazador de la masa. La multitud es la experiencia subjetiva de la sociedad de masas en las redes de la gran ciudad.

«Sentir al mismo tiempo lo multitudinario y la soledad», dice Borges, cuando recuerda que Dupin y el narrador «salen a caminar por las calles desiertas de París» mientras la ciudad duerme.

Esa tensión entre el individuo solitario y la masa es clave y se hace visible en «El hombre de la multitud», un relato de Poe inmediatamente anterior a «Los crímenes de la rue Morgue», que lo prefigura y lo hace posible. Sólo falta el detective. Sólo falta, digamos, la transformación del *flâneur*, del observador, en investigador privado.

82

El texto de Poe se abre con una referencia a la lectura y a la soledad. El epígrafe de La Bruyère *(«Ce grand malheur de ne pouvoir être seul»)* alude a la soledad como constitutiva del sujeto. Y el relato se inicia con la mención de cierto libro alemán que «no se deja leer». Encontramos otra vez la lectura como refugio y construcción de la subjetividad aislada y de la mirada atenta y adiestrada.

«Sentía un interés sereno, pero inquisitivo, por todo lo que me rodeaba», escribe Poe en «El hombre de la multitud». «Con un cigarrillo en los labios y un periódico en las rodillas, me había entretenido gran parte de la tarde, [...] mirando hacia la calle a través de los cristales velados por el humo.»

La noción moderna de multitud aparece por primera vez en ese relato de Poe con la característica del anonimato y de lo ilegible. La multitud está opuesta al mundo del individuo privado que mira a través de la vidriera de un café el torbellino de la multitud vespertina de la ciudad y decide seguir a un anciano al azar. Al amanecer, luego de horas de caminata, se le hace evidente que no hay nada que descubrir: «Sería en vano continuar; no me enteraré de nada más sobre él y sus actos.» El anciano es entonces presentado como el hombre de la multitud, el ejemplo del mal, precisamente en la medida en que encarna algo que «no se deja leer», como escribe Poe: «Bien se ha dicho de cierto libro alemán que *es lässt sich nicht lesen* —no se deja leer–. Hay ciertos secretos que no se dejan expresar [...] Y así la esencia de todo crimen queda inexpresada.»

Lo que se debe leer, lo ilegible, lo que se esconde en la multitud, está asociado con el crimen. Lectura y crimen ya están enlazados. En «El hombre de la multitud» aparecen las condiciones sociales del género *antes* de la construcción de la figura del detective como resolución de ese conflicto.

El crimen en el cuarto cerrado es el otro movimiento fundador del género. Los asesinatos de la rue Morgue suceden en un cuarto cerrado con llave por dentro. Allí se localiza el primer crimen, así comienza el género.

El sujeto amenazado ni siquiera está seguro en el lugar más privado posible. No sólo está amenazado en la ciudad, en el barrio, en la casa, sino que está amenazado en el cuarto propio, en el centro mismo de la intimidad. Hasta allí llegará el asesino. El detective va a desentrañar ese crimen, que pone en riesgo el espacio de la privacidad absoluta, y lo extraordinario es que lo descifra leyendo los diarios. La lectura es la capacidad que usa para descifrar los casos

El detective se interna en el mundo de la cultura de masas y *actúa como un experto*. Los periódicos son el escenario cotidiano del crimen. Y el género es su doble: nace allí y nace para leer de otro modo y así cortar el flujo de lo que no se deja descifrar. El refinado lector que es Dupin, formado en las librerías de París, en los libros únicos y raros, en la frecuentación de alta cultura, leerá los periódicos como nadie los ha leído antes. Leerá, de un modo microscópico, la tensión que circula en todo el universo social.

En «Los crímenes de la rue Morgue», lo que Dupin lee en los periódicos es el relato fragmentado del crimen. Hace una lectura muy sofisticada de la información: un análisis lingüístico de las declaraciones de los testigos, transcriptas en los diarios, en relación con las voces que se han escuchado en el lugar de los hechos. Todos expresan su desconcierto frente a una de ellas, una voz áspera [*gruff voice*] que articula mal. «La peculiaridad no consiste en que estén en desacuerdo sino en que un italiano, un inglés, un español, un holandés y un francés han tratado de describirla», dice Dupin, «y cada uno de ellos se ha referido a esa voz como una voz *extranjera*. Cada uno de ellos está seguro de que no se trata de la voz de un compatriota, cada uno la vincula no a la voz de una persona perteneciente a la nación cuyo idioma conoce, sino a la inversa. El francés supone que es la voz de un español, y agrega que podría haber distinguido algunas palabras si hubiera sido español.»

La lectura termina por identificar de un modo puro lo que podríamos llamar la voz del otro: la voz del inmigrante, del no francés (en un relato escrito en inglés). El género parece identificar al sospechoso como el otro que llega y habla una lengua que ninguno reconoce pero que para todos es extranjera.

La idea de que la sospecha se construye sobre el prejuicio es trabajada con mucha eficacia por el género. El primer sospechoso es el otro social, aquel que pertenece a la minoría que rodea el mundo blanco, dentro del cual se están desarrollando las versiones paranoicas de lo que supone la amenaza.

Poe encuentra la representación más pura de esta idea del otro en la figura del gorila. Como sabemos, la voz que todos reconocen como extranjera es el sonido gutural de un gorila. Un monstruo, un gorila, es el que ha cometido el crimen.

La tensión entre el enigma y el monstruo es trabajada continuamente por el género. El enigma: lo que no se comprende, lo que está encerrado; el adentro puro. El monstruo: el que viene de afuera, del otro lado de la frontera y cuya voz es extranjera; el otro puro. En el interior de una cultura, dice el género, existe una doble frontera señalada por el enigma y el monstruo. El enigma se pregunta desde adentro por el sentido de la cultura. El monstruo marca la frontera y la amenaza externa.

Otro gran lector, Sarmiento, un lector voraz, único, que leyó «las obras completas de Walter Scott a razón de un volumen por día» –como confiesa en *Recuerdos de Provincia*–, escribe el *Facundo* con la misma lógica que encontramos en los cuentos de Poe: la tensión entre el enigma y el monstruo como base de la interpretación de los males sociales. Un enigma abre el texto: «¡Sombra terrible de Facundo, voy a evocarte para que [...] te levantes a explicarnos la vida secreta y las convulsiones internas que desgarran las entrañas de tu noble pueblo! Tú posees el secreto, ¡revélanoslo.» Y para descifrarlo convoca a la figura del monstruo, la de Rosas, «mitad tigre, mitad mujer».

Facundo (1845) es un texto contemporáneo a los cuentos policiales de Poe. Podríamos pensar a Sarmiento como una suerte de Dupin. El letrado como el lector que sabe descifrar los signos oscuros de la sociedad; el acto de leer constituye al sujeto de la verdad.

En resumen, la clave del género es la construcción de una figura literaria nueva, que hemos visto nacer y que veremos transformarse: Dupin, el detective privado, el gran lector, el hombre culto que entra en el mundo del crimen. La prehistoria de la figura clásica del intelectual, su antecedente, y a la vez el que define su historia paralela, invisible. En Dupin, en la figura nueva del detective privado, aparece condensada y ficcionalizada la historia del paso del hombre de letras al intelectual comprometido.

En muchos sentidos, el detective permite plantear un debate sobre el letrado y está ligado a la clásica discusión entre autonomía y compromiso. Para decirlo mejor, el detective plantea la tensión y el pasaje entre el hombre de letras y el hombre de acción.

En la transformación norteamericana del género, el hombre de acción parece haber borrado por completo la figura del lector. Pero, como veremos ahora, esa figura persiste en las modificaciones que sufre el relato policial a partir de su inserción en los Estados Unidos. Y Chandler en el final del género hará de Philip Marlowe un heredero, desplazado, de Auguste Dupin.

Hacia el final de *The Long Goodbye* de Chandler, quizá la mejor novela policial que se haya escrito nunca, todo parece haberse resuelto. Marlowe, como es habitual, ha resistido presiones y peligros múltiples y sólo se ha mantenido fiel a su amistad con Terry Lennox y a su propia integridad. Entonces se produce un extraño viraje. Marlowe tiene una cita con Linda Loring, la hija del magnate Harlan Potter, el personaje más poderoso de la novela, y pasa la noche con ella. Ese encuentro con Linda es el centro secreto de la historia secreta de Marlowe (la que va por debajo de todos sus casos y define la obra de Chandler).

Al comienzo de la escena hay una situación que parece no tener función pero que lleva al límite las reglas del género policial (o en todo caso las confirma, si seguimos la línea de lo que hemos visto en el caso de Dupin).

Amos, «el chofer negro de mediana edad» que maneja el Cadillac de Linda, ha traído a la mujer –que viaja al día siguiente a París– a la casa de Marlowe. Y entonces, mientras ella baja del coche, ocurre este diálogo:

–El señor Marlowe me llevará luego al hotel, Amos. Gracias por todo. Lo llamaré por la mañana.

–Sí, señora Loring. ¿Puedo hacerle una pregunta al señor Marlowe?

–Por supuesto, Amos.

El chofer dejó el bolso de mano junto a la puerta; Linda Loring entró en la casa y nos dejó solos.

–«Me vuelvo viejo... Me vuelvo viejo... Voy a recogerme un poco los pantalones» [*I grow old... I grow old... I shall wear the bottoms of my trousers rolled*]. ¿Qué quiere decir eso, señor Marlowe?

–Nada, pero suena bien.

Sonrió:

–Es de *El canto de amor de J. Alfred Prufrock.* Otro verso: «En la habitación las mujeres van y vienen / Hablando de Miguel Ángel [*In the room the women come and go / Talking of Michael Angelo*].» ¿Le sugiere algo, señor?

–Sí; me hace pensar que el tipo no sabía mucho de mujeres.

–Pienso exactamente lo mismo, señor. Sin embargo, siento una gran admiración por T. S. Eliot.

–¿Dijo «sin embargo»?

–Sí, efectivamente, señor Marlowe. ¿Es incorrecto?

–No, pero no lo diga delante de un millonario. Podría pensar que le está tomando el pelo.

La escena restituye la relación con la literatura y la alta cultura que está implícita en los orígenes del género, pero de un modo desplazado, irónico y fuera de lugar (como debe ser en el arte de leer). A partir de ella, todo se va a invertir y a disolver.

Por un lado, claro, se invierten los estereotipos. El chofer negro (estamos en 1952) es un experto en poesía inglesa y cita de memoria a Eliot. Lo podríamos contraponer a Júpiter, el criado negro, ingenuo, crédulo e infantilizado de «El escarabajo de oro» de Poe, o a tantos criados, mucamos, choferes, jardineros negros, que circulan por la novela norteamericana y por el género policial. Y el detective es quien reconoce el poema y lo comenta, como una suerte de crítico literario del bajo fondo.

La cita tiene cierta pertinencia porque la novela reconstruye un ambiente literario: escritores, editores y autores de *bestsellers,* y sobre todo un típico escritor fracasado a la norteamericana –es decir famoso, millonario, cínico–,

Roger Wade (un borracho que ya no escribe ni habla de literatura, un escritor popular que no tiene desde luego la legitimidad de Eliot), y a esa altura se insinúa que los sirvientes (y los detectives privados) se interesan más por la buena literatura y saben más de ella que los escritores.

Además, en toda la novela hay múltiples alusiones a la tradición inglesa opuesta a la cultura norteamericana. Terry Lennox, el falso inglés (como Eliot, otro falso inglés, y en cierto sentido como el mismo Chandler, formado en Inglaterra), y Philip Marlowe, con esa «e» tan *british* en su apellido. De hecho el *gimlet*, el cocktail que es como una contraseña de la amistad entre Terry y Marlowe y que Marlowe bebe repetidas veces a lo largo del libro como en una ceremonia solitaria y romántica, es definido en esa línea. «Es tan inglés como el pescado cocido», le dice Linda Loring a Marlowe cuando se conocen en la barra de un bar.

Por otro lado, Marlowe es el que envejece, el que entiende y no entiende a las mujeres. Y lo que Chandler busca sin duda transmitir en la novela es la desesperación implícita en el poema de Eliot. *The Long Goodby* trata de ser el gran poema de la desesperanza. Hay un vínculo nuevo insinuado ahí. Cierto cansancio, cierta decepción, que el final del texto (con la traición de Terry) va a reforzar.

Desde luego, el contexto de esa escena, como el contexto de todas las escenas que hemos visto, no tiene fin y en un sentido condensa toda la novela (y tiene mucho que ver con el tipo de escritor que era Chandler, tratando de transformar un género menor). Pero no hace falta ir tan lejos. Hay que ver la cita tal como está. En todo caso, no se trata sólo de completar la descripción realista e irónica del mundo social: no es el contenido de la novela lo que la escena vendría a comentar (aunque también lo hace). Más bien refuerza un viraje en el universo del detective y en las reglas de género. Lo que nos interesa es que insinúa, alude, muestra, sin decirlo todo.

Por de pronto, se plantea una sarcástica relación entre la poesía y los millonarios. En un sentido, los millonarios y la poesía (o en todo caso, la alta literatura) tienen algo en común: son todo aquello de lo que Marlowe se ha mantenido apartado.

Y Linda Loring condensa el doble vínculo. La articulación es ella, claro. Una mujer será el nexo y el pasaje. Lo que podríamos llamar el pasaje a Linda.

Porque también de las mujeres se ha mantenido apartado Marlowe. Ha resistido hasta ahora múltiples intentos de seducción de rubias tan fascinantes y atractivas como Linda, pues su código consiste en que no se implica con mujeres ligadas a los casos que investiga.

Pero esta vez Philip Marlowe, heredero y descendiente directo de la serie de los célibes a la Dupin, luego de la extraña conversación con Amos, va a caer bajo la seducción de Linda Loring, la millonaria. «¿Cuánto dinero tienes?», le pregunta Marlowe cuando ya han bebido algunas copas de champagne. «¿En total? ¿Cómo quieres que lo sepa? Unos ocho millones de dólares.»

MISOGINIA

Digamos que en el policial las mujeres van y vienen, pero no precisamente hablando de Miguel Ángel. En todo caso, una de las claves de la transformación del género (el pasaje de Dupin y Holmes a Marlowe y Spade, por así decir) está definido por el cambio de lugar de las mujeres en la trama. En el policial norteamericano el detective sigue siendo un célibe pero su relación con las mujeres aparece en otro registro: no se trata de víctimas como en Poe, sino de figuras de atracción y de riesgo. En los relatos de Poe, todas las víctimas son mujeres: la madre y la hija en la rue Morgue, y también Marie Rogêt; y desde luego la dama que es la víctima en «La carta robada». Las mujeres tienen pocas posibilidades de sobrevivir en el imaginario paranoico y masculino de la ciudad de masas. En el *thriller* norteamericano en cambio las mujeres son la condición del crimen y a menudo las criminales propiamente dichas.

De hecho, en todas las novelas de Chandler las asesinas son mujeres. En *The Big Sleep* es Carmen Sternwood quien mata a Rusty Regan. En *Farewell, My Lovely*, Velma Valente mata a Moose Malloy (y a Lin Marriott y a un anónimo detective de Baltimore). En *The High Window* es Elizabeth Bright Murdock quien mata a su marido y culpa a otra mujer de esa muerte, ocho años antes de comenzar la acción de la novela (lo que no le impide matar también a su segundo marido, Jasper Murdock, durante el desarrollo de la trama). En *The Lady in the Lake*, bajo el nombre de Muriel Ches, Mildred Haviland mata a Crystal Kingsley (la mujer del doctor Almore) y a Chris Lavery. En *The Little Sister* es Orfamay Quest quien vende la vida de su hermano por 1.000 dólares y quien hace matar a Steelgrave. Por fin, en *The Long Goodbye*, Eileen Wade mata a Sylvia Lennox y a Roger Wade; y en *Playback*, Betty Mayfield causa de hecho la muerte de Larry Mitchell. Las mujeres son literalmente las asesinas. Son el peligro, la amenaza máxima, y encarnan la destrucción.

Digamos que el género, y en especial Raymond Chandler, agudiza la tendencia de la novela norteamericana, en la cual –como ha hecho notar sarcásticamente Leslie Fiedler en *Love and Death in American Novel*– las mujeres destruyen el valor y la dignidad de los varones. En ese sentido, el título del libro de cuentos de Hemingway es todo un programa: *Men without Women* (Hombres sin mujeres). Y ya sabemos que no hay una sola mujer en *Moby Dick*. Estar sin mujeres es la condición de la independencia masculina. El género policial lleva al límite ese imaginario.

Sobre todo porque las mujeres están asociadas con el dinero. En Chandler esto es así desde el principio de su obra. El primer diálogo de su primer relato («Blackmailers Don't Shoot», 1933) define esa conexión. «Las cartas le costarán diez de los grandes, señorita Farr. No es demasiado.»

La corrupción no está asociada a la prostitución en el sentido clásico. En todo caso, no se trata de las prostitutas de Poe (o de Baudelaire) a la manera de Marie Rogêt, la *grisette* asesinada por un marinero recién desembarcado, sino de la encarnación sexual del poder del dinero. Ellas compran a los hombres y destruyen su valor y su integridad. Son las mujeres las que los prostituyen. Ésa es la historia de Terry Lennox, casado con la hermana de Linda, un hombre que vive del dinero de su mujer. La prostitución está invertida –y la misoginia se disfraza de crítica social–. Si la mujer corrompe, la mujer de dinero corrompe por partida doble.

En realidad, las mujeres son *las hijas del dinero*. Habitualmente, en Chandler, son hijas de hombres poderosos y aparecen de a dos, son hermanas. Una es siempre depravada y perversa, y la otra es una suerte de doble atenuada.

93

En sus dos novelas principales *(The Big Sleep* y *The Long Goodbye)*, Chandler cruza esa figura: la mala es hermana de la buena, y una de ella es quien quiere seducirlo. En *The Big Sleep* son Carmen y Vivian, las hijas del general Sternwood, que sobrevive entre orquídeas. En *The Long Goodbye* son Sylvia y Linda, las hijas de Harlan Potter, una suerte de versión romántica del *Citizen Kane*.

La relación con las mujeres y con el dinero es la clave. Podríamos decir que la independencia del detective depende de que se mantenga apartado de ambos. La mujer ligada al mundo del dinero es la perdición absoluta y está en tensión con el hombre lúcido y decente.

Ese doble rechazo es la condición básica del género. Marlowe se define así: «Soy un investigador privado con licencia y llevo algún tiempo en este trabajo. Soy un lobo solitario, no estoy casado, ya no soy un jovencito y carezco de dinero.» No a las mujeres de los ricos, no a la seducción del dinero (y no a la poesía inglesa, habría que agregar). Está mezclado con ese universo pero se mantiene aparte. Vuelve solo a su casa, toma un whisky y se sienta a resolver problemas de ajedrez.

Ése es el mundo de Marlowe. O, en todo caso, es el mundo que Chandler va a empezar a disgregar en *The Long Goodbye*. Porque de esa primera cita con Linda saldrá un pedido de mano, más insólito que el de Kafka a Felice, invertido podríamos decir (es la mujer la que pide al hombre que se case con ella). «¿Considerarías la posibilidad de casarte conmigo?», le pregunta Linda. Primero Marlowe se ríe, se resiste, pero más tarde va a ceder. Le lleva un tiempo y más de una novela. En *The Long Goodbye* Linda está por irse a París, le propone matrimonio y le sugiere que se vayan juntos, pero Marlowe se niega. En *Playback*, Linda lo llamará por teléfono desde París, un año y medio después, para decirle que durante todo ese tiempo le ha sido fiel y proponerle otra vez que se case con ella. «Te estoy pidiendo que te cases conmigo», insiste. Se ofrece a enviarle un pasaje, pero nuevamente Marlowe se niega. En todo caso, él se lo pagaría a ella para que regrese. Así termina la novela.

Por fin, en los cuatro capítulos de *The Poodle Springs Story* la novela que Chandler deja inconclusa al morir, en 1959, Linda y Marlowe ya están casados. Ése es justamente el conflicto inicial: Marlowe vive ahora en la mansión kitsch de su mujer y en un pueblo de millonarios, es conocido como el marido de Linda y va a perder su autonomía (en sentido literal), al menos eso es lo que él piensa. Trata de alquilar una oficina para seguir trabajando como detective pero ella se ríe. «Tú no vas a tener una oficina, estúpido. ¿Para qué crees que me casé contigo? Te he ingresado un millón de dólares para que hagas con ellos lo que quieras.» Todo se juega en esa tensión.

Marlowe se ha convertido en una suerte de Terry Lennox, el que vive de su mujer y a pesar de su elegancia –o gracias a ella– es un corrupto. Y ahora Marlowe parece su doble. Dos amigos, dos *losers*, casados con dos hermanas llenas de dinero.

MILLONARIOS

Se juegan, entonces, muchas cosas en la escena en la que Marlowe se deja seducir por Linda, pero sobre todo se juega la relación con el mundo de los ricos. Y no sólo la relación con el mundo de los ricos de esta novela, sino también de toda la obra de Chandler. Ya sabemos cómo empieza *The Big Sleep,* su primera novela: «Eran cerca de las once de la mañana, a mediados de octubre. [...] Iba a visitar cuatro millones de dólares.»

La relación con el dinero es la clave. Las mujeres son sólo el lugar de pasaje.

A partir de Hammett, el relato policial se estructura sobre el misterio de la riqueza; o mejor, de la corrupción, de la relación entre dinero y poder. Y muchas veces son las mujeres las que encarnan ese mundo de manera visible. (En este sentido, Linda Loring es doblemente peligrosa porque, además de ser una mujer, es millonaria, hija de un millonario. La relación con el dinero se concentra en ella.) Y la relación con el dinero es lo que marca la diferencia esencial entre el relato de misterio y el *thriller*. Todo el sistema formal del relato policial se define a partir de eso.

Por un lado, los *thrillers* vienen a narrar lo que excluye y censura la novela policial clásica. Ya no hay misterio alguno en la causalidad: asesinatos, robos, estafas, extorsiones, la cadena siempre es económica. El dinero que legisla la moral y sostiene la ley es la única razón de estos relatos donde todo se paga.

Así se termina con el mito del enigma, o, mejor, se lo desplaza. En estos relatos el detective no descifra solamente los misterios de la trama, sino que encuentra y descubre a cada paso la determinación de las relaciones sociales. El crimen es el espejo de la sociedad, esto es, la sociedad es vista desde el crimen. Todo está corrompido y la sociedad (y su ámbito privilegiado: la ciudad) es una jungla: «El autor realista de novelas policiales», escribe Chandler en *El simple arte de matar*, «habla de un mundo en el que los gángsters pueden dirigir países: un mundo en el que un juez que tiene una bodega clandestina llena de alcohol puede enviar a la cárcel a un hombre apresado con una botella de whisky encima. Es un mundo que no huele bien, pero es el mundo en el que usted vive. No es extraño que un hombre sea asesinado, pero es extraño que su muerte sea la marca de lo que llamamos civilización.»

En el fondo, como se ve, no hay nada que descubrir, y en ese marco no sólo se desplaza el enigma sino que se modifica el régimen del relato. Por de pronto, el detective ha dejado de encarnar la razón pura. Así, mientras en la policial clásica todo se resuelve a partir de una secuencia lógica de hipótesis y deducciones con el detective inmóvil, representación pura de la inteligencia analítica (un ejemplo a la vez límite y paródico puede ser el Isidro Parodi de Borges y Bioy Casares, que resuelve los enigmas sin moverse de su celda), en la novela policial norteamericana la práctica parece ser el único criterio de verdad: el investigador se lanza, ciegamente, al encuentro de los hechos, se deja llevar por los acontecimientos y su investigación produce, fatalmente, nuevos crímenes. El desciframiento avanza de un crimen a otro; el lenguaje de la acción es hablado por el cuerpo y el detective, antes que descubrimientos, produce pruebas.

Por otro lado, ese hombre que en el relato articula la ley y la verdad sólo está motivado por el dinero: el detective es un profesional, alguien que hace su trabajo y recibe un pago (mientras que en la novela clásica el detective es un aficionado, un aristócrata en decadencia que vive de los otros y recibe dinero, en una lógica que se parece más a la del juego y las apuestas, y siempre está dispuesto a descifrar desinteresadamente el enigma).

Curiosamente, es en esta relación explícita con el dinero (los 25 dólares diarios de Marlowe) donde se afirma la moral: restos de una ética calvinista en Chandler, todos están corrompidos menos Marlowe, un profesional honesto, que hace bien su trabajo y no se contamina. «Si me ofrecen 10.000 dólares y los rechazo, no soy un ser humano», dice un personaje de James Hadley Chase. Pero en el final de *The Big Sleep*, la primera novela de Chandler, Marlowe rechaza 15.000. En ese gesto se asiste al nacimiento de un mito. ¿Habrá que decir que la integridad sustituye a la razón como marca del héroe?

Si la novela policial clásica se organiza a partir del fetiche de la inteligencia pura y valora, sobre todo, la omnipotencia del pensamiento y la lógica abstracta pero imbatible de los personajes encargados de proteger la vida burguesa, en los *hard-boiled* norteamericanos esa función se transforma y el valor ideal pasa a ser la honestidad, la «decencia», la incorruptibilidad. Por lo demás, se trata de una honestidad ligada exclusivamente a cuestiones de dinero. El detective no vacila en ser despiadado y brutal, pero su código moral es invariable en un solo punto: nadie podrá corromperlo. En las virtudes del individuo que lucha solo y *por dinero* contra el mal, el *thriller* encuentra su utopía.

Por eso, entonces, el límite esté dado por el casamiento de Marlowe con una millonaria. Lo que se ha mantenido implícito se hace visible y el género se disuelve. El detective debe ser un *loser*. El perdedor, el que no entra en el juego, es el único que conserva la decencia y la lucidez. Ser un *loser* es la condición de la mirada crítica. El que pierde tiene la distancia para ver lo que los triunfadores no ven. *The winner takes nothing*. El vencedor no gana nada, como dice Hemingway en otro de sus grandes títulos.

La escena en la que Marlowe dialoga sobre T. S. Eliot con el chofer negro es, ya lo dijimos, la cristalización y el marco del pasaje y la entrada en el mundo de los ricos. Esta escena es el puente entre dos mundos, cambia el régimen del género. Y es un libro (la mención a un libro y su memoria) lo que sirve de pasaje. El maravilloso equilibrio en la construcción de la novela se concentra en ese diálogo.

Porque esa escena se conecta con otra que está más de cien páginas antes, en el final del capítulo 32. Marlowe ha tenido una entrevista con Potter, el padre de Linda Loring. Se ha enfrentado directamente con quien encarna el mundo del poder y del dinero. Ha escuchado la voz de la verdad social. «Vivimos en lo que se llama una democracia, el gobierno de la mayoría, un espléndido ideal si fuera posible hacer que funcionara», le dice Potter. «El pueblo elige, pero la maquinaria del partido nomina, y las maquinarias del partido, para ser eficaces, necesitan mucho dinero. Alguien se lo tiene que dar, y ese alguien, ya sea individuo, grupo financiero, sindicato o cualquier otra cosa, espera cierta consideración a cambio [...] Hay algo muy peculiar acerca del dinero. En grandes cantidades tiende a adquirir vida propia, incluso conciencia propia. El poder del dinero resulta muy difícil de controlar.»

Luego de este diálogo, Marlowe se despide y se va.

«Salí y allí estaba Amos, esperándome con el Cadillac, para devolverme a Hollywood. Quise darle una propina pero no la aceptó. Me ofrecí a comprarle los poemas de T. S. Eliot. Dijo que ya los tenía.»

Las dos escenas –una de salida y otra de entrada– son claves en la estructura de la novela. (Y Eliot está en las dos.)

LITERATOS

Marlowe, el detective, se revela secretamente como un conocedor de la literatura. Más explícito que Dupin incluso. Y eso ocurre al final, cuando está a punto de ceder, o quizá porque está a punto de ceder (Chandler hace ver así su ironía y su escepticismo). En todo caso, aparece algo que recorre la historia del género: la tensión entre la cultura de masas y la alta cultura. El detective es el que media entre esos dos registros. (De hecho, podríamos decir que el género fue inventado como un modo de mediar entre la alta cultura y la cultura de masas.)

En «Wrong Pidgeon» (conocido también como «The Pencil»), el último cuento escrito por Chandler en 1959, esta relación se hace explícita. Marlowe ha tomado un avión en el aeropuerto de Los Ángeles para intervenir en un caso y otra vez encontramos una escena clave.

> Llegué a Phoenix a la tarde y me quedé en un motel de las afueras. En Phoenix hacía un calor infernal. El motel tenía un comedor, así que fui a comer. [...] Compré un libro de bolsillo y lo leí. Puse el despertador a las 6.30. El libro me asustó tanto que escondí dos pistolas bajo la almohada. Era sobre un tipo que se había rebelado contra el jefe de los matones de Milwaukee y sufría una paliza cada cuarto de hora. Me imaginé que su cabeza y su rostro ya no serían más que un pedazo de hueso con algo de piel hecha jirones. Pero en el capítulo siguiente estaba más fresco que una rosa. Entonces me pregunté por qué leía esa basura cuando podía estar aprendiendo de memoria *Los hermanos Karamazov*. No encontré ninguna buena respuesta, así que apagué la luz y traté de dormir.

Lo que Marlowe está leyendo es el género mismo, la versión más comercial del género, que irónicamente contrapone a la idea de la gran novela.

100

La misma tensión está en *The Long Goodbye*. Marlowe cita a Flaubert ante el escritor comercial que le dice que sólo valen los libros escritos de manera rápida y fácil:

–Depende de quién sea el escritor, quizá –dije–. A Flaubert no le salía fácil, y lo que hacía era bueno.

–De acuerdo –dijo Wade incorporándose–. De manera que ha leído a Flaubert y eso lo convierte en un intelectual, en crítico, en sabio del mundo literario [*So you have read Flaubert, so that makes you an intellectual, a critic, a savant of the literary world*].

De manera secreta, el hombre de letras que surge con Dupin reaparece en Marlowe y ésa es la línea oculta del género. En la larga duración del género podríamos decir que el lector, el hombre de letras que en Dupin está presente pero dedicado a la cultura de masas, aparece en estado puro en el final hablando de Flaubert, Eliot y Dostoievski.

El género es un comentario implícito de esa tradición. Una historia de la figura del intelectual como hombre de acción, del intelectual que se desconoce como tal y que está en la vida, en la aventura. «Se creía un puro razonador [...], pero algo de aventurero había en él y hasta de tahúr», dice Borges de Lönnrot, y el doble movimiento es clave en la forma de construcción de esta figura. En el género, el hombre de acción parece haber borrado por completo la figura del lector, pero esa figura persiste, sosegada e incómoda, en medio del empirismo generalizado que el relato policial adquiere a partir de su inserción en los Estados Unidos, y aparece con plenitud en Marlowe.

Dupin es una versión del poeta maldito, un solitario hombre de letras, un artista que vive en la pura autonomía y por ese motivo va a poder intervenir en el mundo social y ayudar a la sociedad de la cual se ha alejado. Y Marlowe es su reencarnación modernizada. Está hundido en el mundo de la pura acción, ya casi no se ven en él los rastros del lector y del hombre de letras, pero algunos índices se filtran. De ahí su melancolía; ha sido expulsado voluntariamente.

Podríamos decir, entonces, que la serie que se abre en una oscura librería de la rue Montmartre en París, en 1841, adonde Dupin va a buscar un libro y se encuentra con el género (o al menos con su narrador), se mantiene oculta durante el desarrollo del relato policial hasta que sale a la luz y se cierra en la pieza de un motel en Phoenix donde Marlowe lee, escandalizado, una novela policial barata.

4. ERNESTO GUEVARA, RASTROS DE LECTURA

MOVIMIENTOS

El lector, entendido como descifrador, como intérprete, ha sido muchas veces una sinécdoque o una alegoría del intelectual. La figura del sujeto que lee forma parte de la construcción de la figura del intelectual en el sentido moderno. No sólo como letrado, sino como alguien que se enfrenta con el mundo en una relación que en principio está mediada por un tipo específico de saber. La lectura funciona como un modelo general de construcción del sentido. La indecisión del intelectual es siempre la incertidumbre de la interpretación, de las múltiples posibilidades de la lectura.

Hay una tensión entre el acto de leer y la acción política. Cierta oposición implícita entre lectura y decisión, entre lectura y vida práctica. Esa tensión entre la lectura y la experiencia, entre la lectura y la vida, está muy presente en la historia que estamos intentando construir. Muchas veces lo que se ha leído es el filtro que permite darle sentido a la experiencia; la lectura es un espejo de la experiencia, la define, le da forma.

Hay una escena en la vida de Ernesto Guevara sobre la que también Cortázar ha llamado la atención: el pequeño grupo de desembarco del *Granma* ha sido sorprendido y Guevara, herido, pensando que muere, recuerda un relato que ha leído. Escribe Guevara, en los *Pasajes de la guerra revolucionaria:* «Inmediatamente me puse a pensar en la mejor manera de morir en ese minuto en el que parecía todo perdido. Recordé un viejo cuento de Jack London, donde el protagonista apoyado en el tronco de un árbol se dispone a acabar con dignidad su vida, al saberse condenado a muerte, por congelación, en las zonas heladas de Alaska. Es la única imagen que recuerdo.»

Piensa en un cuento de London, «To Build a Fire» (Hacer un fuego) del libro *Farther North*, los cuentos del Yukon. En ese cuento aparece el mundo de la aventura, el mundo de la exigencia extrema, los detalles mínimos que producen la tragedia, la soledad de la muerte. Y parece que Guevara hubiera recordado una de las frases finales de London. «Cuando hubo recobrado el aliento y el control, se sentó y recreó en su mente la concepción de afrontar la muerte con dignidad.»

Guevara encuentra en el personaje de London el modelo de cómo se debe morir. Se trata de un momento de gran condensación. No estamos lejos de don Quijote, que busca en las ficciones que ha leído el modelo de la vida que quiere vivir. De hecho, Guevara cita a Cervantes en la carta de despedida a sus padres: «Otra vez siento bajo mis talones el costillar de Rocinante, vuelvo al camino con mi adarga al brazo.» No se trataría aquí sólo del quijotismo en el sentido clásico, el idealista que enfrenta lo real, sino del quijotismo como un modo de ligar la lectura y la vida. La vida se completa con un sentido que se toma de lo que se ha leído en una ficción.

En esa imagen que Guevara convoca en el momento en el que imagina que va a morir, se condensa lo que busca un lector de ficciones; es alguien que encuentra en una escena leída un modelo ético, un modelo de conducta, la forma pura de la experiencia.

Un tipo de construcción del sentido que ya no se transmite oralmente, como pensaba Benjamin en su texto «El narrador». No es un sujeto real que ha vivido y que le cuenta a otro directamente su experiencia, es la lectura la que modela y transmite la experiencia, en soledad. Si el narrador es el que transmite el sentido de lo vivido, el lector es el que busca el sentido de la experiencia perdida.

Hay una tensión prepolítica en la búsqueda del sentido en Guevara. Pero a la vez podríamos decir que ha llegado hasta ahí porque ha resuelto ese dilema. De hecho, ha llegado hasta ahí también porque ha vivido su vida a partir de cierto modelo de experiencia que ha leído y que busca repetir y realizar.

En un sentido más general Lionel Gossman se ha referido a la misma cuestión en *Between History and Literature*, cuando señala que la lectura literaria ha sustituido a la enseñanza religiosa en la construcción de una ética personal.

El hecho de que Guevara haya registrado los efectos y el recuerdo de una lectura para sostenerse ante la inminencia de la muerte nos remite a una serie de situaciones de lectura no sólo imaginadas en los textos, sino presentes en la historia propiamente dicha. Los que han visto por última vez a Ossip Mandelstam, el poeta ruso que muere en un campo de concentración en la época de Stalin, lo recuerdan frente a una fogata, en Siberia, en medio de la desolación, rodeado de un grupo de prisioneros a los que les habla de Virgilio. Recuerda su lectura de Virgilio, y ésa es la última imagen del poeta. Persiste ahí la idea de que hay algo que debe ser preservado, algo que la lectura ha acumulado como experiencia social. No se trataría de la exhibición de la cultura, sino, a la inversa, de la cultura como resto, como ruina, como ejemplo extremo de la desposesión.

Podríamos hablar de una lectura en situación de peligro. Son siempre situaciones de lectura extrema, fuera de lugar, en circunstancias de extravío, de muerte, o donde acosa la amenaza de una destrucción. La lectura se opone a un mundo hostil, como los restos o los recuerdos de otra vida.

Estas escenas de lectura serían el vestigio de una práctica social. Se trata de la huella, un poco borrosa, de un uso del sentido que remite a las relaciones entre los libros y la vida, entre las armas y las letras, entre la lectura y la realidad.

Guevara es el último lector porque ya estamos frente al hombre práctico en estado puro, frente al hombre de acción. «Mi impaciencia era la de un hombre de acción», dice de sí mismo en el Congo. El hombre de acción por excelencia, ése es Guevara (y a veces habla así). A la vez Guevara está en la vieja tradición, la relación que mantiene con la lectura lo acompaña toda su vida.

UNA FOTO

Hay una foto extraordinaria en la que Guevara está en Bolivia, subido a un árbol, leyendo, en medio de la desolación y la experiencia terrible de la guerrilla perseguida. Se sube a un árbol para aislarse un poco y está ahí, leyendo.

En principio, la lectura como refugio es algo que Guevara vive contradictoriamente. En el diario de la guerrilla en el Congo, al analizar la derrota, escribe: «El hecho de que me escape para leer, huyendo así de los problemas cotidianos, tendía a alejarme del contacto con los hombres, sin contar que hay ciertos aspectos de mi carácter que no hacen fácil el intimar.»

La lectura se asimila con la persistencia y la fragilidad. Guevara insiste en pensarla como una adicción. «Mis dos debilidades fundamentales: el tabaco y la lectura.»

La distancia, el aislamiento, el corte, aparecen metaforizados en el que se abstrae para leer. Y eso se ve como contradictorio con la experiencia política, una suerte de lastre que viene del pasado, ligado al carácter, al modo de ser. En distintas oportunidades Guevara se refiere a la capacidad que tenía Fidel Castro para acercarse a la gente y establecer inmediatamente relaciones fluidas, frente a su propia tendencia a aislarse, separarse, construyéndose un espacio aparte. Hay una tensión entre la vida social y algo propio y privado, una tensión entre la vida política y la vida personal. Y la lectura es la metáfora de esa diferencia.

Esto ya es percibido en la época de la Sierra Maestra. En alguno de los testimonios sobre la experiencia de la guerra de liberación en Cuba, se dice del Che: «Lector infatigable, abría un libro cuando hacíamos un alto mientras que todos nosotros, muertos de cansancio, cerrábamos los ojos y tratábamos de dormir.»

Más allá de la tendencia a mitificarlo, hay allí una particularidad. La lectura persiste como un resto del pasado, en medio de la experiencia de acción pura, de desposesión y violencia, en la guerrilla, en el monte.

Guevara lee en el interior de la experiencia, hace una pausa. Parece un resto diurno de su vida anterior. Incluso es interrumpido por la acción, como quien se despierta: la primera vez que entran en combate en Bolivia, Guevara está tendido en su hamaca y lee. Se trata del primer combate, una emboscada que ha organizado para comenzar las operaciones de un modo espectacular, porque ya el ejército anda rastreando el lugar y, mientras espera, tendido en la hamaca, lee.

Esta oposición se hace todavía más visible si pensamos en la figura sedentaria del lector en contraste con la del guerrillero que marcha. La movilidad constante frente a la lectura como punto fijo en Guevara.

«Característica fundamental de una guerrilla es la movilidad, lo que le permite estar, en pocos minutos, lejos del teatro específico de la acción y en pocas horas lejos de la región de la misma, si fuera necesario; que le permite cambiar constantemente de frente y evitar cualquier tipo de cerco», escribe Guevara en 1961 en *La guerra de guerrillas*. La pulsión territorial, la idea de un punto fijo, acecha siempre. Pero, a la inversa de la experiencia política clásica, el acumular y tener algo propio supone el riesgo inmediato. Régis Debray cuenta la caída del primer punto de anclaje en Bolivia, la microzona propia: «Tiempo antes se había hecho una pequeña biblioteca, escondida en una gruta, al lado de las reservas de víveres y del puesto emisor.»

La marcha supone además la liviandad, la ligereza, la rapidez. Hay que desprenderse de todo, estar liviano y marchar. Pero Guevara mantiene cierta pesadez. En Bolivia, ya sin fuerzas, llevaba libros encima. Cuando es detenido en Ñancahuazu, cuando es capturado después de la odisea que conocemos, una odisea que supone la necesidad de moverse incesantemente y de huir del cerco, lo único que conserva (porque ha perdido todo, no tiene ni zapatos) es un portafolio de cuero, que tiene atado al cinturón, en su costado derecho, donde guarda su diario de campaña y sus libros. Todos se desprenden de aquello que dificulta la marcha y la fuga, pero Guevara sigue todavía conservando los libros, que pesan y son lo contrario de la ligereza que exige la marcha.

El ejemplo antagónico y simétrico es desde luego Gramsci, un lector increíble, el político separado de la vida social por la cárcel, que se convierte en el mayor lector de su época. Un lector único. En prisión Gramsci lee todo el tiempo, lee lo que puede, lo que logra filtrarse en las cárceles de Mussolini. Está siempre pidiendo libros y de esa lectura continua («leo por lo menos un libro por día», dice), de ese hombre solo, inmóvil, aislado, en la celda, nos quedan los *Cuadernos de la cárcel,* que son comentarios extraordinarios de esas lecturas. Lee folletines, revistas fascistas, publicaciones católicas, lee los libros que encuentra en la biblioteca de la cárcel y los que deja pasar la censura, y de todos ellos extrae consecuencias notables. Desde ese lugar sedentario, inmóvil, encerrado, Gramsci construye la noción de hegemonía, de consenso, de bloque histórico, de cultura nacional-popular.

Y obviamente la teoría de la toma del poder en Guevara (si es que eso existe) está enfrentada con la de Gramsci. Puro movimiento en la acción pero fijeza en las concepciones políticas, nada de matices. Sólo es fluida la marcha de la guerrilla. No hay nada que transmitir en Guevara, salvo su ejemplo, que es intransferible. De esta imposibilidad surge tal vez la tensión trágica que sostiene al mito.

La teoría del foco y la teoría de la hegemonía: no debe de haber nada más antagónico. Como no debe de haber nada más antagónico que la imagen de Guevara leyendo en las pausas de la marcha continua de la guerrilla y la de Gramsci leyendo encerrado en su celda, en la cárcel fascista. En verdad, para Guevara, antes que la construcción de un sujeto revolucionario, de un sujeto colectivo en el sentido que esto tiene para Gramsci, se trata de construir una nueva subjetividad, un sujeto nuevo en sentido literal, y de ponerse él mismo como ejemplo de esa construcción.

En la historia de Guevara hay distintos ritmos, metamorfosis, cambios bruscos, transformaciones, pero hay también persistencia, continuidad. Una serie de larga duración recorre su vida a pesar de las mutaciones: la serie de la lectura. La continuidad está ahí, todo lo demás es desprendimiento y metamorfosis. Pero ese nudo, el de un hombre que lee, persiste desde el principio hasta el final.

Esa serie de larga duración se remonta a la infancia y está ligada al otro dato de identidad del Che Guevara: el asma. La madre es quien le enseña a leer porque no puede ir a la escuela y ese aprendizaje privado se relaciona con la enfermedad. A partir de entonces se convierte en un lector voraz. «Estaba loco por la lectura», dice su hermano Roberto. «Se encerraba en el baño para leer.»

La lectura como práctica iniciática fundamental, al decir de Michel De Certeau, funciona como modelo de toda iniciación. En este caso, el asma y la lectura están vinculados al origen. Hacen pensar en Proust, que justamente ha narrado muy bien lo que es esta relación, un cruce, una diferencia que define ciertas lecturas en la infancia, cierto modo de leer. Basta recordar la primera página del texto de Proust *Sobre la lectura:* «Quizá no hay días de nuestra infancia tan plenamente vividos como aquellos que creímos haber dejado sin vivir, aquellos que pasamos con nuestro libro predilecto.» La vida leída y la vida vivida. La vida plena de la lectura.

La lectura, entonces, lo acompaña desde la niñez igual que el asma. Signos de identidad, signos de diferencia.

110

Signos en un sentido fuerte, porque ya se ha hecho notar que los senos frontales abultados que vienen del esfuerzo por respirar, definen el rostro de Guevara como una marca que no puede disfrazarse. En sus fotos de revolucionario clandestino es fácil reconocerlo si uno le mira la frente.

Y, a la vez, señalan cierta dependencia física, que se materializa en un objeto que hay que llevar siempre. «El inhalador es más importante para mí que el fusil», le escribe a su madre desde Cuba en la primera carta que le envía desde Sierra Maestra. El inhalador para respirar y los libros para leer. Dos ritmos cotidianos, la respiración cortada del asmático, la marcha cortada por la lectura, la escansión pausada del que lee. Eso es lo persistente: una identidad de la que no puede (y no quiere) desprenderse. La marcha y la respiración.

La lectura vinculada a cierta soledad en medio de la red social es una diferencia que persiste. «Durante estas horas últimas en el Congo me sentí solo como nunca lo había estado, ni en Cuba, ni en ninguna otra parte de mi peregrinar por el mundo. Podría decir: nunca como hoy había sentido hasta qué punto, qué solitario era mi camino.» La lectura es la metáfora de ese camino solitario. Es el contenido de la soledad y su efecto.

Desde luego, como Guevara lee, también escribe. O, mejor, porque lee, escribe. Sus primeros escritos son notas de lectura de 1945. Ese año empieza un cuaderno manuscrito de 165 hojas donde ordena sus lecturas por orden alfabético. Se han encontrado siete cuadernos escritos a lo largo de diez años. Hay otra serie larga, entonces, que acompaña toda la vida de Guevara y es la escritura. Escribe sobre sí mismo y sobre lo que lee, es decir, escribe un diario. Un tipo de escritura muy definida, la escritura privada, el registro personal de la experiencia. Empieza con un diario de lecturas y sigue con el diario que fija la experiencia misma, que permite leer luego su propia vida como la de otro y reescribirla. Si se detiene para leer, también se detiene para escribir, al final de la jornada, a la noche, cansado.

Entre 1945 y 1967 escribe un diario: el diario de los viajes que hace de joven cuando recorre América, el diario de la campaña de Sierra Maestra, el diario de la campaña del Congo y, por supuesto, el diario en Bolivia. Desde muy joven, encuentra un sistema de escritura que consiste en tomar notas para fijar la experiencia de inmediato y después escribir un relato a partir de las notas tomadas. La inmediatez de la experiencia y el momento de la elaboración. Guevara tiene clara la diferencia: «El personaje que escribió estas notas murió al pisar de nuevo tierra argentina, el que las ordena y las pule (yo), no soy yo», escribe en el inicio de *Mi primer gran viaje*.

En ese sentido, el *Diario en Bolivia* es excepcional porque no hubo reescritura, como tampoco la hubo en las notas que tomó de su primer viaje por la Argentina, en 1950, y que su padre publicó en su libro *Mi hijo el Che:* «En mi casa de la calle Arenales hace poco tiempo descubrí por casualidad dentro de un cajón que contenía libros viejos, unas libretas escritas por Ernesto. El interés de estos escritos reside en que puede decirse que con ellos comenzó Ernesto a dejar asentados sus pensamientos y sus observaciones en un diario, costumbre que conservó siempre.»

Había en el joven Guevara el proyecto, la aspiración, de ser un escritor. En la carta que le escribe a Ernesto Sábato después del triunfo de la revolución, donde le recuerda que en 1948 leyó deslumbrado *Uno y el Universo*, le dice: «En aquel tiempo yo pensaba que ser un escritor era el máximo título al que se podía aspirar.»

Podríamos pensar que esa voluntad de ser escritor, para decirlo con Pasolini, esa actitud previa a la obra, ese modo de mirar el mundo para registrarlo por escrito, persiste, entreverada, con su experiencia de médico y con su progresiva –y distante– politización, hasta el encuentro con Fidel Castro en mayo de 1955.

En una fecha tan tardía como febrero de 1955, hace en su diario un balance de su crítica situación económica, y concluye diciendo que en general está estancado «y en producción literaria más, pues casi nunca escribo».

De hecho, en un sentido, el político triunfa donde fracasa el escritor y Guevara tiene clara esa tensión. «Surgió una gota del poeta frustrado que hay en mí», le escribe a León Felipe luego del triunfo de la revolución. Por un lado, se define varias veces como un poeta fracasado pero, por otro, se piensa como alguien que construye su vida como un artista: «Una voluntad que he pulido con la delectación de artista sostendrá unas piernas fláccidas y unos pulmones cansados», escribe en la carta de despedida a sus padres. Hay un antecedente de esta actitud en la notable carta a su madre del 15 de julio de 1956, en la que le señala su decisión de unirse a la guerrilla. Ha estado preso con Castro y está decidido a irse en el *Granma*. «Un profundo error tuyo es creer que de la moderación o el "moderado egoísmo" es de donde salen los inventos mayores u obras maestras de arte. Para toda obra grande se necesita pasión y para la Revolución se necesita pasión y audacia.» Y concluye: «Además es cierto que después de desfacer entuertos en Cuba me iré a otro lado cualquiera.» La cita implícita del *Quijote* es anuncio de lo que viene; en todo caso, del sentido de lo que viene.

Philipp De Rieff ha trabajado la figura del político que surge entre las ruinas del escritor. El escritor fracasado que renace como político intransigente, casi como no-político, o al menos como el político que está solo y hace política primero sobre sí mismo y sobre su vida y se constituye como ejemplo. Y aquí la relación, antes que con Gramsci, es por supuesto con Trotski, el héroe trágico, «el profeta desarmado», como lo llamó Isaac Deutscher. Hay también en Trotski una nostalgia por la literatura: «Desde mi juventud, más exactamente desde mi niñez, había soñado con ser escritor», dice Trotski al final de *Mi vida*, su excelente autobiografía. Y Hans Mayer, por su parte, en su libro sobre la tradición del *outsider*, tambien ha visto a Trotski como el escritor fracasado y, por lo tanto, el político «irreal», opuesto a Stalin, el político práctico.

SALIR AL CAMINO

Guevara, el joven que quiere ser escritor, en 1950 empieza a viajar, sale al camino, a ese viaje que consiste en construir la experiencia para luego escribirla. En esa combinación de ir al camino y registrar la inmediatez de los hechos, podemos ver al joven Guevara relacionado con la *beat generation* norteamericana. Escritores como Jack Kerouac, en *On the Road*, el manifiesto de una nueva vanguardia, son sus contemporáneos y están haciendo lo mismo que él. Se trata de unir el arte y la vida, escribir lo que se vive. Experiencia vivida y escritura inmediata, casi escritura automática. Como él, los jóvenes escritores norteamericanos, lejos de pensar en Europa como modelo del lugar al que hay que viajar, al que generaciones de intelectuales han querido ir, se van al camino, a buscar la experiencia en América.

Hay que convertirse en escritor fuera del circuito de la literatura. Sólo los libros y la vida. Ir a la vida (con libros en la mochila) y volver para escribir (si se puede volver). Guevara busca la experiencia pura y persigue la literatura, pero encuentra la política, y la guerra.

Estamos en la época del compromiso y del realismo social, pero aquí se define otra idea de lo que es ser un escritor o formarse como escritor. Hay que partir de una experiencia alternativa a la sociedad, y a la sociedad literaria en primer lugar. Ya sabemos, es el modelo norteamericano: «He sido lavacopas, marinero, vagabundo, fotógrafo ambulante, periodista de ocasión.» Ser escritor es tener ese fondo de experiencia sobre el que se apoyan y se definen la forma y el estilo. Escribir y viajar, y encontrar una nueva forma de hacer literatura, un nuevo modo de narrar la experiencia.

Estamos ante otro tipo de viajeros. Quiero decir, en un contexto que ha redefinido el viaje y el lugar del viajero. Es la tensión entre el turista y el aventurero de la que habla Paul Bowles (otro escritor vinculado a la *beat generation*).

Por su lado, Ernest Mandel ha escrito en su libro sobre la novela policial: «Evelyn Waugh una vez hizo notar que los verdaderos libros de viajes pasaron de moda antes de la Segunda Guerra Mundial. El verdadero significado de este pronunciamiento *snob* fue que los viajes internacionales que hacían la élite de administradores imperiales, banqueros, ingenieros de minas, diplomáticos y ricos ociosos (con el ocasional aventurero militar, amante del arte, estudiante universitario o vendedor internacional al margen de la sociedad) quedaban relegados gracias al turismo de las clases

115

medias bajas, así que los libros de viajes tenían que tomar en cuenta a este nuevo y más amplio mercado. La guía de viajes Michelin ha ocupado el lugar del Baedeker clásico.»

El Guevara que va al camino y escribe un diario no se puede asimilar ni al turista ni al viajero en el sentido clásico. Se trata, antes que nada, de un intento de definir la identidad; el sujeto se construye en el viaje; viaja para transformarse en otro.

«Me doy cuenta de que ha madurado en mí algo que hace tiempo crecía dentro del bullicio ciudadano: el odio a la civilización, la burda imagen de gente moviéndose como locos al compás de ese ruido tremendo», escribe en sus notas, en 1952.

Guevara condensa ciertos rasgos comunes de la cultura de su época, el tipo de modificación que se está produciendo en los años cincuenta en las formas de vida y en los modelos sociales, que viene de la *beat generation* y llega hasta el hippismo y la cultura del rock. Paradójicamente (o quizá no tanto), Guevara se ha convertido también en un icono de esa cultura rebelde y contestataria. Esa cultura supone grupos alternativos que exhiben una cualidad anticapitalista en la vida cotidiana y muestran su impugnación de la sociedad. La fuga, el corte, el rechazo. Actuar por reacción y, en ese movimiento, construir un sujeto diferente.

En el caso de la *beat generation*, la idea básica es despojarse por completo de cualquier atributo que pueda quedar identificado con las formas convencionales de sociabilidad. Algo que es antagónico a la noción de clase e implica otra forma de pertenencia. Una nueva identidad social que se manifiesta en el modo de vestir, en la relación con el dinero y el trabajo, en la defensa de la marginalidad, en el desplazamiento continuo.

Guevara se vestía para verse siempre desarreglado, una manera de exhibir el rechazo de las normas. Entre los compañeros del «Chancho», como lo llamaban, circula una serie de historias muy divertidas sobre su desaliño deliberado: que tenía una camisa que se cambiaba cada quince días, que una vez en México «paró» un calzoncillo. «Su desparpajo en la vestimenta nos daba risa, y al mismo tiempo un poco de vergüenza. No se sacaba de encima una camisa de nylon transparente que ya estaba tirando al gris por el uso», cuenta su amiga de juventud Cristina Ferreira.

Se podría ver ahí un nuevo dandismo. Basta observar las fotos de Guevara a lo largo de su vida. Los borceguíes abiertos, desabrochados, en su época de ministro, o un broche de colgar ropa en los pantalones, son indicios, rasgos mínimos de alguien que rechaza las formas convencionales.

La construcción de la imagen de Guevara es un signo de los tiempos. Está ligada al momento en que la juventud se cristaliza como un modo horizontal de construcción de la identidad, que está entre las clases y entre las jerarquías sociales, una nueva cultura que se difunde y se universaliza en esos años. Sartre marcaba esa diferencia entre clase y juventud a propósito de Paul Nizan: «Los jóvenes obreros no tienen adolescencia, no conocen la juventud, pasan directamente de la niñez a ser hombres.»

A partir de la *beat generation* la juventud se convierte en emblema y se liga con el sujeto que no ha quedado atrapado por la lógica de la producción. Y el Che está, en cierto sentido, fijado a ese emblema.

La relación de Guevara con el dinero está en la misma línea. Por eso es sorprendente que haya llegado a ser director del Banco Nacional en Cuba. Siempre vive de una economía personal precaria, fuera de lo social, nunca tiene nada, nunca acumula nada, sólo libros. «Tengo doscientos de sueldo y casa, de modo que mis gastos son en comer y comprar libros con que distraerme», le escribe el 21 de enero de 1947 a su padre, en una de las primeras cartas conocidas. No tener dinero, no tener propiedades, no poseer nada, ser «pato», como dice. Ganarse la vida a desgano, en los márgenes, en los intersticios, sin lugar fijo, sin empleo fijo. Así se entiende su fascinación por los linyeras que recorren los diarios de juventud y la identificación con esa figura: «Ya no éramos más que dos linyeras, con el mono a cuestas y con toda la mugre del camino condensada en los mamelucos, resabios de nuestra aristocrática condición», dice en *Mi primer viaje*. El marginado esencial, el que está voluntariamente afuera de la circulación social, afuera del dinero y del mundo del trabajo, el que está *en la vía*. El vago, otro modo que tiene Guevara en esa época de definirse a sí mismo. El vagabundo, el nómade, el que rechaza las normas de integración. Pero también el que divaga, el que sólo tiene como propiedad el uso libre del lenguaje, la capacidad de conversar y de contar historias, las historias intrigantes de su exclusión y de su experiencia en el camino. Ya en la primera de sus notas de viaje de 1950, reproducida en *Mi hijo el Che*, escribe: «En el [*palabra ilegible*] ya narrado me encontré con un linyera que hacía la siesta debajo de una alcantarilla y que se despertó con el bochinche. Iniciamos una conversación y en cuanto se enteró que era estudiante se encariñó conmigo. Sacó un termo sucio y me preparó un mate cocido con azúcar como para endulzar a una solterona. Después de mucho charlar y contarnos una serie de peripecias...» La marginalidad es una condición del lenguaje, de un uso particular del lenguaje. Y son siempre los linyeras aquellos con los que Guevara encuentra un diálogo más fluido y más personal.

118

En esta prehistoria de Guevara, el otro elemento que está presente es justamente el tipo de uso del lenguaje. Debemos recordar que lo identifica un modismo lingüístico ligado a la tradición popular. Se lo conoce como «el Che» porque su manera de utilizar la lengua marca, de un modo muy directo, una identidad. Por un lado, el uso del «che» lo diferencia dentro de América Latina y lo identifica como argentino. De joven, en sus viajes, a veces lo exagera para llamar la atención y lograr que lo reciban y lo dejen hospedarse: sabe el valor de esa diferencia lingüística. Y, a la vez, el «che» funciona como una identidad de larga duración, quizá la única seña argentina, porque en todo lo demás Guevara funciona con una identidad no-nacional, es el extranjero perpetuo, siempre fuera de lugar.

El uso coloquial y argentino de la lengua se nota inmediatamente en su escritura, que es siempre muy directa y muy oral, tanto en sus cartas personales y en sus diarios como en sus materiales políticos. Esta idea de que escribe en la lengua en la que habla, sin nada de la retórica que suele circular en la palabra política –y en la izquierda, básicamente–, está clara desde el principio, y termina por ser el elemento que le da nombre, el signo que lo identifica. El «Che» como sinécdoque perfecta. Hay algo deliberado ahí, una seña de identidad construida, inventada, casi una máscara. La carta final a Fidel Castro está firmada sencillamente «Che», y así firmaba los billetes del banco que dirigía. La prueba de autenticidad del dinero en Cuba era esa firma. (Difícilmente haya otro ejemplo igual en la historia de la economía mundial, alguien que autentifica el valor del dinero con un seudónimo.)

119

Al mismo tiempo, ese uso libre y desenfadado de la lengua es la marca de una tradición de clase. En esto Guevara se parece a Mansilla y a Victoria Ocampo, y fue María Rosa Oliver (otro ejemplo magnífico de esa prosa deliberadamente argentina y coloquial) quien hizo notar la relación. Un uso del lenguaje que no tiene nada que ver con la hipercorrección típica de la clase media, ni con los restos múltiples que constituyen la lengua escrita de las clases populares (como es el caso de Arlt o de Armando Discépolo o de las letras de tango). Cierta libertad y cierto desenfado en el uso del lenguaje son una prueba de confianza en su lugar social, como también lo son su modo de vestirse o su relación con el dinero. Esa lengua hablada es una lengua de clase que funciona como modelo de lengua literaria. Escribe como habla, lo que no es frecuente en la literatura argentina de la época. *El túnel* de Sábato, de 1948, para referirnos a un libro que posiblemente Guevara ha leído y admirado, está escrito de «tú», lejos del voseo argentino, en una lengua que responde a los modelos estabilizados y escolares de la lengua literaria. Y ése es el tono dominante en la literatura argentina de esos años (basta pensar en Mallea o en Murena). Pero no es el caso de Guevara, que no hace literatura, o, mejor, hace literatura de otra manera, sin ninguna afectación, o con una afectación diferente, si se quiere. Habría que decir que escribe como habla su clase y en eso se parece a Lucio Mansilla (y no sólo en eso).

Su madre está en el centro de ese uso del lenguaje. Y lo explicita en su última carta, escrita cuando el Che había salido de Cuba y nadie sabía dónde estaba. Ante las versiones oficiales que decían que se había ido un mes a cortar caña, Celia de la Serna, enferma grave y a punto de morir, le escribe y hace visible el contraste entre el lenguaje familiar y la lengua cristalizada. Enfrenta la escritura directa, una ética implícita en el uso del lenguaje, al conformismo y la hipocresía del lenguaje político, que encubre todo lo que dice. La madre se refiere a «ese tono levemente irónico que usamos en las orillas del Plata» y se queja del estilo burocrático. «No voy a usar lenguaje diplomático. Voy derecho al grano.» La madre lo convoca a usar el lenguaje que el Che siempre ha usado para contarle lo que pasa.

Como político, Guevara usa ese mismo lenguaje directo, seco, irónico y, a diferencia de Fidel Castro, nada retórico ni efectista. Frases cortas, entrada personal en el discurso, apelación a la narración y a la experiencia vivida como forma de argumentación, intimidad en el uso público del lenguaje. Por eso Guevara, que no era un gran orador en el sentido clásico, está más ligado a la carta, a la narración personal, a la comunicación entre dos (al «entre nos», como diría Mansilla), a la conversación entre amigos, a las formas privadas del lenguaje. Como orador político parece un escritor de diarios. No hay más que analizar el comienzo de sus discursos públicos, su modo de entrar en confianza.

El tipo de relación con el lenguaje y con el dinero, el modo en que se viste, indicios a la vez personales y de época, son entonces el primer contexto para discutir a Guevara y para pensar cómo Ernesto Guevara de la Serna se convierte en el Che Guevara, o mejor, qué caminos sigue para encontrar la política y qué clase de política encuentra. Guevara practica cierto dandismo de la experiencia y en ese viaje, como veremos enseguida, encuentra la política.

Hay varias metamorfosis en la vida de Guevara, y esas mutaciones bruscas son un signo de su personalidad. Tiene varias vidas («de las siete me quedan cinco», dice) que son simultáneas: la del viajero, la del escritor, la del médico, la del aventurero, la del testigo, la del crítico social. Y todas se condensan y cristalizan, por fin, en su experiencia de guerrero, de guerrillero, de *condottieri*, como se llama a sí mismo. Esa historia de sus transformaciones encuentra el primer punto de viraje en el viaje de 1952, cuando va hacia Bolivia, y la política latinoamericana empieza a incorporarse a la experiencia del viaje. El objetivo de este viaje es la experiencia misma, salir de un mundo cerrado y libresco a la vida para encontrar el fundamento que legitime lo que se escribe. Pero, en el caso de Guevara, el camino hacia América Latina lo lleva hacia la política. Descubre el mundo político, o cierta mirada sobre el mundo político. Va de Bolivia a Guatemala y por fin a México, y en el proceso la politización se va haciendo cada vez más nítida. En principio, se trata de una politización externa, casi de observador que registra matices y realidades diversas.

Una característica de este tipo de viaje, ajeno al dinero y al turismo, es la convivencia con la pobreza. Sartre lo decía bien: el color local, lo que llamamos color local, es la pobreza y la vida de las clases populares. De modo que el viaje es también un recorrido por ciertas figuras sociales: el linyera, el desclasado y el marginal, los enfermos y los leprosos, los mineros bolivianos, los campesinos guatemaltecos y los indios mexicanos, son estaciones en su camino.

Los registros del diario acompañan ese descubrimiento de la diferencia pura, del marginado como antecedente de la víctima social. El otro, la figura pura de ese viaje, es en principio el otro como paciente y como víctima. Ése es el primer descubrimiento. No se trata de la figura del marginal deliberado, sino de la víctima que ha sido acorralada y explotada, y en su dolencia expresa una injusticia y un crimen. La tensión entre el marginado y el enfermo termina por construir la figura de la víctima social que debe ser socorrida. Es el médico el que descifra el sentido de lo que ve: «La grandeza de la planta minera está basada sobre los 10 mil cadáveres que contiene el cementerio más los miles que habrán muerto víctimas de neumoconiosis y sus enfermedades agregadas», le escribe en mayo de 1952 a Tita Infante, su compañera en la Facultad de Medicina de Buenos Aires que es militante del Partido Comunista argentino.

El viaje se convierte en una experiencia médico-social que confirma lo que se ha leído o, mejor aún, que exige un cambio en el registro de las lecturas para descifrar el sentido de los síntomas.

Entonces, está el viaje errático, sin punto fijo, del que sale al camino a buscar la experiencia pura y encuentra la realidad social, pero a la vez están las lecturas, que son una senda paralela que se entrevera con la primera. El marxismo empieza a ser un camino. Una de las primeras referencias al marxismo aparece, en esa misma carta a Tita Infante, como una ironía frente a la imposibilidad de explicar su condición indecisa, sus idas y venidas. Luego de contarle cómo fue que llegó a Miramar, en la costa argentina, cuando había partido hacia Bolivia, escribe: «Observe qué claro queda el hecho paradójico de que vaya al norte por el sur, a la luz del materialismo histórico.»

Guevara ha leído marxismo, y en sus cuadernos de 1945 ya registra esas lecturas (ese año aparecen notas sobre *El Manifiesto Comunista).* Pero la lectura del marxismo no convierte a nadie en guerrillero. Todavía falta un paso, un punto de viraje, que permitirá a este joven –cuyo destino parece ser el Partido Comunista, ser un médico del PC, quizá– convertirse en una suerte de modelo mundial del revolucionario en estado puro. Y ese paso, me parece, se construye con la unión de esas lecturas y esa experiencia que podríamos llamar flotante. Ir al sur cuando se pretende ir al norte. Básicamente, la pulsión del viajero, del aventurero y, sobre todo, la situación del que ha dejado atrás las fronteras y la pertenencia nacional. Guevara es un expatriado voluntario, un desterrado, un viajero errante que se politiza y no tiene inserción. Tiende hacia una forma no-nacional de la política, hacia una forma sin territorio. En esto también es la antítesis de Gramsci, el pensador de lo nacional-popular, de las tradiciones locales, de la localización de las relaciones de fuerza como condición de la política.

Y esta inversión es una característica que define la política de Guevara: sin fronteras, sin enclave nacional, en Cuba, en Angola, en Bolivia. Y también su aspiración secreta, de larguísima duración, casi un horizonte imposible, utópico: encontrar un lugar propio, regresar a la Argentina como guerrillero desde el norte, desde Bolivia, con una columna de compañeros, repetir allí la invasión de Castro a Cuba pero ampliada y sin tener en cuenta las condiciones políticas, haciendo depender la intervención, exclusivamente, de su fuerza propia, de la formación de su grupo, y no de las relaciones concretas ni del análisis de la situación del enemigo. Ese sueño del guerrero que vuelve es su forma particular de pensar en el regreso a la patria, «a morir con un pie en la Argentina», según le dice a Ulises Estrella, uno de sus hombres de confianza. Todos ha-

124

blan de esa ilusión para explicar su decisión de llevar la guerrilla a Bolivia, de instalarse en un país ajeno para construir una zona liberada, una retaguardia desde la cual entrar, por fin, en su propio espacio.

Guevara define la política de un modo absolutamente novedoso y personal (más allá de sus consecuencias): no hay nunca lugar fijo, no hay territorio, sólo la marcha, el movimiento continuo de la guerrilla. Cualquier situación puede ser propicia; importa la decisión, no las condiciones reales.

Y eso parece estar ligado al modo en que encuentra la política o, digamos mejor, su inserción en la política. Y por eso son muy significativas las cartas de los días anteriores a conocer a Fidel Castro y sumarse a la expedición del *Granma*. Son cartas a su madre, a Tita Infante, a su padre, que muestran que sus proyectos del momento, poco antes de encontrarse en julio de 1955 con Castro, siguen siendo abiertos. Está disponible, empieza a pensar que debe ir por fin a Europa, conocer Francia, más tarde la India (como le dice en una carta de marzo de 1955 a su padre). Imagina a veces seguir desde México hacia el norte, llegar a Estados Unidos, a Alaska. Hay, como siempre en Guevara, cierta imprevisibilidad, cierta disponibilidad y cierto azar en sus decisiones. «Me avisaron que me pagaban con diez días de antelación [se refiere a un dinero que le debían en México por su trabajo de periodista durante los Juegos Olímpicos] e inmediatamente me fui a buscar un barco que salía para España. [...] Ya tengo programado quedarme aquí hasta el 1.º de setiembre para agarrar un barco para donde caiga», le escribe a su madre el 17 de junio de 1955, un mes antes de conocer a Fidel Castro. Y cierra diciendo: «tenés que largarte a París y allí nos juntamos».

La política aparece como un efecto de la búsqueda de

experiencia, del intento de escapar de un mundo cerrado. Lo que está primero es el intento de romper con cierto tipo de ritual social, con cierta experiencia estereotipada, escapar, como dice Guevara, de todo lo que fastidia: «Además sería hipócrita que me pusiera como ejemplo pues yo lo único que hice fue huir de todo lo que me molestaba», le escribe a Tita Infante, el 29 noviembre de 1954. La política surge como resultado de ese proceso: hay una tensión entre un mundo que se percibe como clausurado y la política como corte tajante y paso a otra realidad.

Guevara va descubriendo la política en el proceso de cierre de la experiencia. La política es el resultado del intento de descubrir una experiencia que lo saque de su lugar de origen, del mundo familiar, de la vida de un estudiante de izquierda en Buenos Aires, incluso de la vida de un joven médico que quiere ser escritor y vacila.

UN ENCUENTRO

Su viaje tiene itinerarios paralelos, redes múltiples. Son series, mapas que se superponen y nada está muy definido. Está el viaje literario, el viaje político, el viaje médico. Y es la política, y no la literatura, la que terminará articulando esos mundos paralelos. Pero para eso hace falta el encuentro con la retórica de Fidel Castro.

En el recorrido de Guevara se reformulan las relaciones entre literatura y política. Es el intento de escapar de cierto lugar estereotipado de lo que se entiende por un intelectual, lo que lo empuja a la política y a la acción. La política aparece como un punto de fuga, como un lugar de corte y de transformación.

126

Todo esto forma parte de una tradición literaria: cómo salir de la biblioteca, cómo pasar a la vida, cómo entrar en acción, cómo ir a la experiencia, cómo salir del mundo libresco, cómo cortar con la lectura en tanto lugar de encierro. La política aparece a veces como el lugar que dispara esa posibilidad. El síntoma Dahlmann ya no es la acción como encuentro con el otro, el bárbaro, sino la acción como encuentro con el compañero, con la víctima social, con los desposeídos.

La prehistoria de ese pasaje, en el caso de Guevara, está en la experiencia del médico. Ésa es la figura que articula la relación con lo social, la intención de ayudar al que sufre, hacerse cargo de él, socorrerlo. De hecho, el viaje está pautado por la visita a los leprosarios. Guevara registra imágenes y escenas notables: «En realidad fue éste uno de los espectáculos más interesantes que vimos hasta ahora: un acordeonista que no tenía dedos en la mano derecha y los reemplazaba por unos palitos que se ataba a la muñeca, y el cantor era ciego, y casi todos con figuras monstruosas provocadas por la forma nerviosa de la enfermedad, muy común en las zonas, a lo que se agregaban las luces de los faroles y linternas sobre el río.» En esta carta a su madre, escrita desde Bogotá, en julio de 1952, está el reconocimiento de las figuras extremas, de los restos de la sociedad, de la víctima social.

Desde luego, no se trata del médico del positivismo, del modelo de científico que revela los males de la sociedad, una gran metáfora de la visión de las clases dominantes sobre los conflictos sociales pensados como enfermedades que deben ser erradicadas a partir del diagnóstico neutral y apolítico del especialista que sabe sobre los síntomas y su cura. Se trata, en cambio, del médico como figura del compromiso y la comprensión, del que socorre y salva.

127

En este sentido, una acotación de Richard Sennett al analizar *Los conquistadores*, la novela de Malraux sobre la Revolución China, hace notar la relación entre el revolucionario profesional y los médicos: «Hong, el joven revolucionario, igual que estos jóvenes médicos, han hecho alarde de una singular clase de fuerza: el poder de aislarse del mundo que los rodea, haciéndose distantes y a la vez solidarios, definiéndose de un modo rígido. Esta autodefinición inimitable les confiere un arma poderosísima contra el mundo exterior. Anulan un intercambio flexible de ideas entre ellos y los hombres que los rodean y con ello adquieren cierta inmunidad ante el dolor y los acontecimientos conflictivos y confusos que de otro modo los desconcertarían y tal vez los aplastarían.» Sennett llama a este movimiento la identidad purificada. Estar separado y a la vez ir hacia los otros. La distancia aparece como una forma de relación que permite estar emocionalmente siempre un poco afuera, para ser eficaz.

Hay una foto inolvidable de Guevara joven, cuando era estudiante de medicina. Se ve un cadáver desnudo con el cuerpo abierto en la mesa de disección y un grupo de estudiantes, con delantal blanco, serios y un poco impresionados. Guevara es el único que se ríe, una sonrisa abierta, divertida. La relación distanciada con la muerte está ahí cristalizada, su ironía de siempre.

Me parece que Guevara encuentra la política en este proceso. Un joven médico, que secretamente quiere ser escritor, que sale al camino como muchos de su generación, un joven anticonvencional que va a la aventura y en el camino encuentra a los marginales, a los enfermos, y luego a las víctimas sociales, y por fin a los exiliados políticos. Una travesía por las figuras sociales de América Latina.

También en su relación con el marxismo y con el Partido Comunista, Guevara se mueve por los bordes. Hay un momento en el que se aparta de la experiencia posible de un joven marxista en esos años, se aleja de la cultura obrera de los partidos comunistas y va hacia la experiencia extrema y la guerra casi sin pasos previos. Una práctica de aislamiento, ascetismo, sacrificio, salvación, como será la guerrilla para él, a la que, como sabemos, entra como médico para convertirse rápidamente en combatiente. Y eso sucede en el primer combate, cuando tiene que elegir entre una caja de medicamentos y una caja de balas y, por supuesto, se lleva la caja de balas. Guevara cuenta esa historia microscópica, un detalle mínimo, con gran maestría, usando su extraordinaria capacidad narrativa para fijar el sentido de esa pequeña situación y convertirla en un mito de origen.

Entra como médico y sale como guerrillero. E inmediatamente se constituye en el modelo mismo del guerrillero, en el guerrillero esencial digamos, el que ve la vida en la guerrilla como el ejemplo puro de la construcción de una nueva subjetividad.

El momento clave y un poco azaroso, notable como metamorfosis, se da –como dijimos– en julio de 1955, cuando encuentra a Fidel Castro en México y se suma a su proyecto de desembarcar clandestinamente en Cuba y luchar contra Batista. Para entonces Guevara ha entrado en relaciones con sectores de exiliados de América Latina, en Guatemala y en México, básicamente a través de Hilda Gadea, militante del Partido Comunista peruano, que lo pone en conexión con la política práctica.

Si uno lee las cartas de Guevara de esos días, más que la decisión, encuentra la incertidumbre. En julio de 1955, Guevara está en disponibilidad, no sabe muy bien lo que va a hacer, y entonces aparece Fidel Castro. Es uno de los grandes momentos de la dramatización histórica en América Latina. Castro lo encuentra a las ocho de la noche y lo deja a las cinco de la mañana convertido en el Che Guevara. Esa conversación que dura toda la noche es un punto de viraje, una conversión. Ha quedado capturado por el carisma y la convicción política de Castro. De hecho, la figura de Castro se convierte inmediatamente para Guevara en un punto de referencia esencial. Podemos pensar a Guevara como un marxista y seguramente lo era, pero eso no termina de explicar su decisión de sumarse a la expedición. Se trata de un salto cualitativo, para decirlo de algún modo.

Guevara se integra entonces como médico a la expedición del *Granma*, pero rápidamente se convierte en un combatiente, y al poco tiempo es ya el comandante Guevara. En septiembre de 1957, Fidel Castro lo designa comandante. Están definiendo las funciones de la tropa y, cuando llegan a Guevara, un poco sorpresivamente Castro dice «Comandante». Lo convierte en el comandante Guevara, y le da la estrella de cinco puntas. A partir de entonces su imagen está cristalizada. El guerrillero heroico.

LA CONSECUENCIA

Poco después, entre agosto y octubre de 1958, Guevara vive –y narra mientras vive– la primera experiencia de lo que podríamos llamar el ascetismo guerrillero, la capacidad de sacrificio, y de ella saca una conclusión que lo va a marcar en toda su experiencia futura. En esos meses, es el comandante de la Octava Columna, de ciento cuarenta hombres, y recorre medio país, va desde Sierra Maestra hasta la provincia de Las Villas, en una caminata muy dificultosa, con el sistema clásico de esconderse y escapar y marchar incesantemente. Ante la dificultad del avance, Guevara registra en su diario un hecho que después no aparece en la reescritura de los *Pasajes de la guerra revolucionaria*. Dice así: «La tropa está quebrantada moralmente, famélica, los pies ensangrentados y tan hinchados que ya no entran en lo que les resta de calzado. Están a punto de derrumbarse. Sólo en las profundidades de sus órbitas aparece una débil y minúscula luz que brilla en medio de la desolación.»

Parece un apunte de Tolstói, y a la vez se encuentra en la escena algo que se repetirá luego: el sacrificio y el exceso, la ruptura del límite como condición de la subjetividad política. La imagen anticipa la experiencia en Bolivia pero concluye de otra manera, y toda la diferencia consiste en las condiciones políticas que hay en Cuba, la debilidad de Batista, la crisis de la hegemonía que decide la política, como diría Gramsci. Pero Guevara parece borrar las condiciones políticas específicas para quedarse con el momento de la decisión pura como condición de la política.

Están ahí, hambrientos, los guerrilleros en el monte, tratando de avanzar de cualquier modo, y Guevara dice: «Sólo al imperio de insultos, ruegos y exabruptos de todo tipo podía hacer caminar a esa gente exhausta.»

Él está con ellos, en la misma situación que ellos, exhausto, pero a la vez está afuera, los impulsa y los guía. «Los jefes deben constantemente ofrecer el ejemplo de una vida cristalina y sacrificada», escribirá en 1961 en *La guerra de guerrillas*.

Aparece ahí por primera vez la idea de la construcción de una ética del sacrificio con el modelo de la guerrilla, la construcción de una subjetividad nueva. Y es lo que parece haber quedado como condición de la victoria y de la formación de un cuadro político.

No sé hasta dónde podemos integrar esta idea en el marco de la tradición popular. Esa tradición está en la ética de Brecht, *Me-ti. El libro de las mutaciones.* Se trata de una ética de las clases subalternas que implica negociar, romper la negociación, hacer alianzas, abrir el juego, cerrarlo. Gramsci, obviamente, podría ser otro ejemplo de esa estrategia de acumulación. Se parte de la distinción entre amigo y enemigo como condición de la política, pero esa oposición es muy fluida y se modifica según la coyuntura. La noción de enemigo es la clave: cuáles son sus fisuras, cómo fragmentarlo y con quién, cómo construir el consenso, cuáles son las relaciones de fuerza y la conciencia posible.

Podría decirse que Guevara piensa al revés: primero decide la táctica y luego adapta las condiciones a esa táctica. Define quién es el amigo, con quién construye el núcleo guerrillero, cómo se prepara (y ésa es la base de su libro *La guerra de guerrillas).* Guevara tiende a pensar al grupo propio, más que en términos de clase, casi como una secta, un círculo de iniciados del que debe estar excluida cualquier ambigüedad. En ese sentido, su política tiende a ver al enemigo como un grupo homogéneo y sin matices, y a los amigos como un grupo siempre en transformación, que corre el riesgo de abdicar o de ser captado o infiltrado. En el grupo de amigos entrevé la figura encubierta del enemigo, lo que va a generar esa tradición terrible del guevarismo que se va a repetir en casi todas las experiencias posteriores, la vigilancia continua, la tendencia a descubrir al traidor en el débil, en el que vacila en el interior del propio grupo. Guevara mismo hace una anotación sobre el tema en *La guerra de guerrillas:* «En la jerga nuestra, en la guerra pasada, se llamaba "cara de cerdo" a la cara de angustia que presentaba algún amedrentado.»

La noción del amigo como el que potencialmente puede desertar y traicionar es el resultado extremo de la propia teoría (y ya sabemos cuáles han sido las consecuencias). El ejemplo más conocido quizá es el fusilamiento del poeta Roque Dalton en El Salvador por sus propios compañeros de la guerrilla, pero hay muchos otros.

La política se vuelve una práctica hacia el interior del propio grupo, a través de la desconfianza, las acusaciones, las medidas disciplinarias. No hay nunca política de alianzas. En todo caso, la posibilidad de las alianzas está definida por la desconfianza y la sombra de la traición.

En este sentido hay dos momentos centrales en la experiencia de Guevara, uno al comienzo y otro al final de su vida política. El primero, en su primera experiencia de lucha en Cuba. En *Pasajes de la guerra revolucionaria*, cuando Guevara narra su bautismo de fuego en Alegría del Pío, en el desembarco del *Granma*, culpa a un traidor del ataque del ejército que casi le cuesta la vida: «No necesitaron los guardias de Batista el auxilio de pesquisas indirectas, pues nuestro guía, según nos enteramos años después, fue el autor principal de la traición, llevándolos hasta nosotros.» Ésta es su primera experiencia de lucha en Cuba y algo parecido ocurre al final, en la última anotación del *Diario en Bolivia*, cuando registra el encuentro inesperado con la vieja campesina que está «pastoreando sus chivas» y tienen que sobornarla para que no los delate: «A las 17.30, Inti, Aníbal y Pablito fueron a la casa de la vieja que tiene una hija postrada y medio enana; se le dieron 50 pesos con el encargo de que no fuera a hablar ni una palabra, pero con pocas esperanzas de que cumpla, a pesar de sus promesas.»

La categoría básica de la política para Carl Schmitt (y también para Mao Tse-tung), la distinción entre amigo y enemigo, se disuelve para Guevara, el enemigo es fijo y está definido. La categoría del amigo es más fluida y ahí se aplica la política. La única garantía de que la categoría de amigo persista es el sacrificio absoluto y la muerte. Porque, paradójicamente, esta experiencia de aislamiento, de rigor, de vigilancia y sacrificio personal, tiene como resultado, según Guevara, la construcción de una conciencia nueva. El mejor es el más fiel y el más sacrificado. El Che plantea una relación, nunca probada, entre ascetismo y conciencia política. El sacrificio y la intransigencia no garantizan la eficacia, y la vigilancia no se debe confundir con la política; cuando se confunde hemos pasado a una práctica de control. La guerrilla funciona como un estado microscópico que vive siempre en estado de excepción.

Básicamente, es un sistema para formar sujetos políticos capaces de reproducir esa estructura. Porque el revés, la contrarréplica de la traición —obviamente—, es el heroísmo absoluto. La garantía de que no habrá traición es la fidelidad total y la muerte. Pobres de los pueblos que necesitan héroes, decía Brecht. Y aquí, en esta microsociedad que es la guerrilla, se trata de producir automáticamente al sujeto como héroe, en una construcción directa, sin pasos previos.

En cada uno de los enfrentamientos, Guevara forma un pelotón de vanguardia, una especie de pelotón suicida que enfrenta al grupo que lo está hostigando en las primeras escaramuzas. Sobre esta práctica Guevara escribe en su diario de la época de Sierra Maestra: «Es un ejemplo de moral revolucionaria, porque ahí solamente iban voluntarios escogidos. Sin embargo, cada vez que un hombre moría, y eso ocurría en cada combate, al hacerse la designación del nuevo aspirante, los desechados realizaban escenas de dolor que llegaban hasta el llanto. Es curioso ver a los curtidos y nobles guerreros mostrando su juventud en el despecho de una lágrima, pero por no tener el honor de estar en el primer lugar de combate y de muerte.» Podría decirse que aquí hay un exceso en la representación de la fidelidad, una exhibición opuesta a «la cara de cerdo» del amilanado.

La experiencia que Guevara hace en Cuba le va a servir como modelo para definir la experiencia de la guerrilla, sea donde sea que se realice. En un sentido, podríamos decir que el triunfo de la revolución cubana es un acontecimiento absolutamente extraordinario, que se da en condiciones únicas. De ella infiere una hipótesis política general, que aplica en cualquier situación y sobre la cual va a forjar modelos de construcción de la subjetividad y de una nueva ética.

Apenas termina la experiencia en Cuba, define las características del guerrillero, la idea del pequeño grupo que funciona por fuera de la sociedad y que es capaz de afrontar cualquier situación. Un grupo de élite que parece vivir en el futuro.

Es notable la metafórica cristiana del sacrificio que acompaña este tipo de construcción política. El propio Guevara dice en la primera página de *La guerra de guerrillas:* «El guerrillero como elemento consciente de la vanguardia popular debe tener una conducta moral que lo acredite como verdadero sacerdote de la reforma que pretende. A la austeridad obligada por difíciles condiciones de la guerra debe sumar la austeridad nacida de un rígido autocontrol que impida un solo exceso, un solo desliz, en ocasión en que las circunstancias pudieran permitirlo.» El guerrillero «debe ser un asceta».

En definitiva, el modelo de la ética que se busca es la del cristianismo primitivo. Ahí aparecen algunos elementos que quizá nos permitan pensar qué tipo de concepción

135

de la política está implícita en la idea de un pequeño grupo capaz de producir una revolución en condiciones absolutamente adversas.

Es imposible, por ejemplo, imaginar peores condiciones objetivas que las que encuentra cuando va al Congo: no conoce la lengua y la gente con la que trabaja tiene creencias y nociones de cómo debe ser un guerrero que Guevara nunca termina de entender.

Y lo mismo le ocurre en Bolivia, aunque allí la situación política le resulta más conocida. Pero apenas llega, todo se complica, está aislado, sin contactos, y empieza a imaginar que se van a convertir en una especie de grupo que sobrevive hasta fortalecerse, una especie de escuela de cuadros, destinada a crear sujetos nuevos casi por descarte. «De mil, cien; de cien, diez; de diez, tres», dice en una frase impresionante, que muestra la matemática fatídica que rige en el grupo.

Por supuesto, Guevara no propone nada que no haga él mismo. No es un burócrata, no manda a los demás a hacer lo que él sostiene. Ésta es una diferencia esencial, la diferencia que lo ha convertido en lo que es. El que paga con su vida la fidelidad con lo que piensa. Es similar a la experiencia de los anarquistas de siglo XIX, cuando tratan de reproducir la sociedad futura en su experiencia personal. Viven modestamente, reparten lo que tienen, se sacrifican, definen una nueva relación con el cuerpo, una nueva moral sexual, un tipo de alimentación. Se proponen como ejemplo de una nueva forma de vida.

Se trata de una posición extrema en todo sentido. Y si volvemos a la noción de experiencia de Benjamin en «El narrador», podríamos decir que Guevara es la experiencia misma y a la vez la soledad intransferible de la experiencia. Es el que quema su vida en la llama de la experiencia y

136

hace de la política y de la guerra el centro de esa construcción. Y lo que propone como ejemplo, lo que transmite como experiencia, es su propia vida.

Paralelamente persiste en Guevara lo que he llamado la figura del lector. El que está aislado, el sedentario en medio de la marcha de la historia, contrapuesto al político. El lector como el que persevera, sosegado, en el desciframiento de los signos. El que construye el sentido en el aislamiento y en la soledad. Fuera de cualquier contexto, en medio de cualquier situación, por la fuerza de su propia determinación. Intransigente, pedagogo de sí mismo y de todos, no pierde nunca la convicción absoluta de la verdad que ha descifrado. Una figura extrema del intelectual como representante puro de la construcción del sentido (o de cierto modo de construir el sentido, en todo caso).

Y en el final de Guevara las dos figuras se unen otra vez, porque están juntas desde el comienzo. Hay una escena que funciona casi como una alegoría: antes de ser asesinado, Guevara pasa la noche previa en la escuelita de La Higuera. La única que tiene con él una actitud caritativa es la maestra del lugar, Julia Cortés, que le lleva un plato de guiso que está cocinando la madre. Cuando entra, está el Che tirado, herido, en el piso del aula. Entonces –y esto es lo último que dice Guevara, sus últimas palabras–, Guevara le señala a la maestra una frase que está escrita en la pizarra y le dice que está mal escrita, que tiene un error. Él, con su énfasis en la perfección, le dice: «Le falta el acento.» Hace esta pequeña recomendación a la maestra. La pedagogía siempre, hasta el último momento.

La frase (escrita en la pizarra de la escuelita de La Higuera) es «Yo sé leer». Que sea ésa la frase, que al final de su vida lo último que registre sea una frase que tiene que ver con la lectura, es como un oráculo, una cristalización casi perfecta.

Murió con dignidad, como el personaje del cuento de London. O, mejor, murió con dignidad, como un personaje de una novela de educación perdido en la historia.

5. LA LINTERNA DE ANNA KARENINA

UNA NOVELA INGLESA

Quisiera recordar ahora otra escena de lectura, notable en muchos sentidos y perfecta en su fugacidad, en la que aparece un género diferente de lector. Es una escena de *Anna Karenina*, de Tolstói, del capítulo 29 de la primera parte, en la que Anna aparece leyendo una novela inglesa en un tren. Me parece que hay allí otra trama: la relación de esa lectura con la constitución del sentido, con los afectos, con la tradición y con el desarrollo de la novela. Estamos en la línea histórica que quiere a las mujeres como protagonistas del consumo narrativo. La Eterna de Macedonio es la lectora perfecta de la novela. También Madame Bovary, desde luego, incluso Molly Bloom, que, como veremos, se despierta con un libro en la cama. Esas mujeres complejizan la figura del lector moderno (y la novela le da nombre a la figura anónima de las mujeres que leen).

En una novela alguien lee una novela: esas cosas le gustaban a Borges. Pero mejor sería decir: en una novela una mujer lee una novela inglesa. Podríamos decir, incluso, que una mujer lee una novela escrita por una mujer, quizá Jane Austen, aunque varios han sugerido que se trata de una novela de Anthony Trollope.

Y la lee en un tren, el lugar de la modernidad por excelencia en el siglo XIX (la novela es de 1877). Tolstói tiene con los trenes la misma fascinación que tenía Sarmiento y los hombres de ese siglo (recordemos el comienzo de *El idiota* de Dostoievski, recordemos la resolución de *En la sangre* de Cambaceres).

El tren es un lugar mítico: es el progreso, la industria, la máquina; abre paso a la velocidad, a las distancias y a la geografía (y en un sentido se contrapone, en especial en *Anna Karenina*, al mundo familiar, a los sentimientos, a la intimidad). Ya no se trata de la lectura en la corte o en la ciudad, sino en el viaje. Pero tampoco es la lectura en un carruaje, a cuyos saltos y sacudidas se refería Sterne para explicar los cambios de ritmo de su novela.

Benjamin tiene un texto muy sagaz sobre la lectura en los trenes, sobre el doble movimiento del viaje que supone la lectura en el interior de otro viaje. «¿Qué le proporciona el viaje al lector?», se pregunta. «¿En qué otra circunstancia está tan compenetrado en la lectura y puede sentir su existencia mezclada tan fuertemente con la del héroe? ¿No es su cuerpo la lanzadera del tejedor que al compás de las ruedas atraviesa infatigable la urdimbre, el destino de su héroe? No se leía en la carreta y no se lee en el auto. La lectura de viaje está tan ligada a viajar en tren como lo está a la permanencia en las estaciones.»

En la escena de la que hablamos, Anna vuelve a su casa, va de Moscú a San Petersburgo. Ya ha conocido a Vronski, que será su amante y la conducirá a la desgracia, y ese viaje será decisivo porque él también está en el tren (aunque ella todavía lo ignora). Anna lo ha visto por primera vez unos días antes al llegar a la estación de Moscú, en el momento en que alguien se suicidaba arrojándose a las vías. Meses después y sobre el final del libro, ella terminará su vida de la misma manera.

En ese marco un poco oracular, en el que todo está en suspenso y se concentra la intriga, Anna se pone a leer una novela inglesa. Y allí encontramos una descripción magnífica de las condiciones de lectura en cierta clase social en el siglo XIX.

«Todavía sintiendo la misma inquietud que la había embargado durante todo el día pero con cierto placer empezó a acomodarse para el viaje. Abrió con sus manos pequeñas y ágiles el saquito rojo, sacó un almohadón que se puso en las rodillas y, envolviéndose las piernas con la manta, se arrellanó cómodamente. Le pidió a Aniuska la linternita que sujetó en el brazo de la butaca y sacó de su bolso un cortapapeles y una novela inglesa.»

Todo está en esa descripción, en los detalles que construyen la escena de la lectura: la sensación de abrigo y de comodidad, la linterna –un momento que me parece fantástico: ella tiene su propia luz–, la criada que la atiende, las relaciones sociales que sostienen de manera implícita la escena y, por supuesto, la práctica previa a la lectura, que ya se ha perdido, de abrir los libros, de separar sus páginas con un cortapapeles. En «El Aleph», el personaje llamado Borges le regala a Beatriz Viterbo periódicamente libros que ella nunca abre. Y dice Borges: «Tomé la precaución de regalarle los libros abiertos.» Beatriz Viterbo no es Anna, se resiste a la lectura (en todo caso, sólo lee cartas obscenas).

Y el relato continúa: «Al principio Anna no puede leer, le molestaba el ajetreo del ir y venir de la gente.» Más de una vez nos hemos topado con escenas en las que la lectura es interrumpida por lo que viene de afuera. Es la idea de la distracción y de cómo trata de evitarla el que lee para concentrarse en la evasión esencial que suponen la novela y lo novelesco, que exigen un corte, una abstracción de lo real. (El libro de Calvino *Si una noche de invierno un viajero*, una novela sobre la lectora de novela, es en verdad un texto sobre la lectura interrumpida.)

Ya hemos recordado la escena de «El Sur», el cuento de Borges, en que Dhalmann lee, o trata de leer, en un tren que cruza la llanura de la provincia de Buenos Aires y, distraído por la realidad, deja de leer. Es la tensión entre lectura e interrupción y, en especial, entre lectura de novelas e interrupción. (Macedonio ha construido a partir de ahí su personaje conceptual del lector salteado.)

Lo cierto es que por fin Anna consigue concentrarse: «Anna empezó a leer y a entender lo que leía. La doncella dormitaba ya, Anna leía pero no le agradaba leer, le molestaba seguir las sombras de la vida de otras personas, tenía demasiado deseo de vivir ella misma. Si leía que la protagonista de la novela cuidaba a un enfermo, sentía deseos de andar con pasos silenciosos en la habitación de un enfermo. Si Lady Mailing había cabalgado tras la jauría, exacerbando a su nuera y asombrando a todos con su audacia, también Anna deseaba hacer lo mismo.»

En primer lugar, hay que decir que por lo general es en las novelas donde se contraponen lectura y realidad, donde la lectura, apasionada y continua, está de hecho criticada por sus excesos y peligros de irrealidad. Las novelas critican muy a menudo al que lee novelas (y eso no deja de ser una paradoja). Pensemos en don Quijote, pero también en Emma Bovary: «Se tomó pues la resolución de impedirle a Emma leer novelas», se dice.

En segundo lugar, el que lee ha quedado marcado, siente que su vida no tiene sentido cuando la compara con la de los héroes novelescos y quiere alcanzar la intensidad que encuentra en la ficción. La lectura de la novela es un espejo de lo que la vida debe ser; es el síntoma Madame Bovary. Anna Karenina lee una serie de acontecimientos y quiere vivirlos. En esa lectura extrema está el paso al bovarismo: querer ser otro, querer ser lo que son los héroes de las novelas.

La novela de Tolstói construye la imagen de lo que podríamos llamar la lectora de novelas que descifra su propia vida a través de las ficciones de la intriga, que ve en la novela un modelo privilegiado de experiencia real. Se manifiesta así una tensión entre la experiencia propiamente dicha y la gran experiencia de la lectura. Y entonces aparece el bovarismo, la ilusión de realidad de la ficción como marca de lo que falta en la vida. Se va de la lectura a la realidad o se percibe la realidad bajo la forma de la novela, con esa suerte de filtro que da la lectura.

Sartre lo ha dicho bien: «¿Por qué se leen novelas? Hay algo que falta en la vida de la persona que lee, y esto es lo que busca en el libro. El sentido es evidentemente el sentido de su vida, de esa vida que para todo el mundo está mal hecha, mal vivida, explotada, alienada, engañada, mistificada, pero acerca de la cual, al mismo tiempo, quienes la viven saben bien que podría ser otra cosa.»

Las mujeres son las que han encarnado ese malestar (vistas desde los varones que escriben las historias). En la ficción, la salida de esa perturbación ha sido, tradicionalmente, el adulterio. Frente al malestar de sus propias vidas, las mujeres que leen (Anna Karenina, Madame Bovary, Molly Bloom) encuentran otra vida posible en la infidelidad.

Si tuviéramos que acuñar una fórmula, irónica, podríamos decir que el modelo perfecto del lector masculino es el célibe, el soltero a la Dupin, mientras que el modelo de la lectora perfecta es la adúltera, a la Bovary.

143

De algún modo, la feminización del lector de novelas confirma los preconceptos dominantes sobre el rol de la mujer y de la inteligencia femenina. Las novelas se pensaban aptas para las mujeres, consideradas criaturas de capacidad intelectual limitada, imaginativas, frívolas y emotivas. Las novelas, circunscriptas al reino de la imaginación, eran lo opuesto a la lectura práctica e instructiva.

En este sentido, los periódicos se oponen a las novelas. En tanto refieren acontecimientos públicos, eran reservados para el lector masculino –como vimos en los relatos de Poe–, mientras que las novelas, con su tratamiento de la vida íntima, eran parte de la esfera privada a la que eran relegadas las mujeres.

En *El idiota* de Dostoievski una de las figuras de mujer más extremas e independientes de la literatura, la apasionada y rebelde Natasha Filippovna, que va de un hombre a otro, termina arrastrada al horror y a la muerte. Entonces el príncipe Mishkin, que no ha podido salvarla a pesar de su amor y de su compasión, pide entrar en el cuarto de la muchacha.

Por fin, se levantó y quiso ver las habitaciones que habían sido de Natasha Filippovna. Eran dos cuartos grandes, con buena luz y muy bien amueblados, cuyo alquiler era elevado. Según dijeron más tarde las tres señoras el visitante examinó uno por uno todos los objetos contenidos en las habitaciones. Había un libro abierto encima de una mesita, era una novela francesa, *Madame Bovary*. Al verla, dobló la página en el sitio en que estaba abierto el volumen, pidió permiso para llevárselo y se lo guardó en el bolsillo, aunque le hicieron observar que aquel libro provenía de un gabinete de lectura».

Toda una cultura se sintetiza en esa escena. Una visión de la cultura femenina, podríamos decir, está condensada en esa situación. El bovarismo también permite descifrar el destino secreto de Natasha Filippovna.

En el tren, Anna repite el viejo rito de entrar en lo irreal y en la ilusión a través de la lectura de un libro, para volver luego desde allí a confrontar la realidad. Ese movimiento es la novela misma, la forma del género, si seguimos la línea abierta por Lukács en *Teoría de la novela*. La experiencia personal es la corroboración de la verdad del texto. Anna lee para descifrar una verdad sepultada en ella. Sólo entiende el sentido posible de su vida verdadera cuando lo lee en el libro. La tensión entre ilusión y realidad, entre experiencia y sentido, aparece ligada a la lectura de novelas.

En *Anna Karenina* todo se noveliza; la propia vida es concebida como una novela. Cuando Dolly visita la casa de campo de Anna, encuentra «ese nuevo lujo europeo del que sólo tenía noticias por las novelas inglesas pero jamás había visto en Rusia».

La intensidad de la pasión de Anna tiene que ver con la intensidad implícita en el mundo novelístico. Y el libro es la metáfora de esa relación. Por eso la imagen de la lectura aparece en el final de su vida. Luego de la decisión de abandonar a su marido y a su hijo, luego de vivir con Vronsky y quedar atada a él enfrentando las convenciones de su medio, Anna se suicida (castigada por Tolstói por la vida que ha llevado, según la interpretación de Anna Ajmátova). Y, en el momento mismo de morir, el narrador recurre una vez más a la imagen de la lectura y de la lámpara. Cuando Anna se tira bajo el tren, se arrepiente durante un instante de lo que acaba de hacer, pero ya es inútil. «Y la bujía, a cuya luz había leído ella un libro lleno de angustias, engaños, dolores y maldades, brilló más que nunca, iluminó todo lo que antes había estado oscuro, parpadeó, empezó a atenuarse y se extinguió para siempre.» Ha muerto la lectora (del mismo modo que muere Madame Bovary).

Podríamos detenernos, quizás, en esta relación entre luz y lectura. Y sobre todo en el objeto que hemos visto aparecer ya varias veces y que en *Anna Karenina* adquiere una relevancia central: la lámpara, la luz personal, la linterna *(fonarek)*, la bujía. La historia de la lectura es también la historia de la iluminación. (Una amiga rusa, Sara Hirschman, que me ayudó a descifrar los textos en su lengua original, me escribió en su delicioso estilo nabokoviano: «*Fonarek* en ruso quiere decir pequeña linterna. Imagino que en esos tiempos era una lámpara de vidrio con una vela adentro o una mecha con keroseno o aceite.»)

Toda una serie relacionada con la luz se liga con el lector y la lectura. En *Madame Bovary*, «la pantalla del quinqué, colgando en la pared sobre la cabeza de Emma, iluminaba todas estas escenas del mundo que iban desfilando ante sus ojos una tras otra en el silencio del dormitorio». En la novela de Tolstói, por su parte, hay luz natural, velas, lámparas, luz de gas: velas en la casa de Levin; Kitty con una bujía; luz de gas en el teatro, «luz eléctrica por todos lados». Y en *Moby Dick*, de Melville, resplandece el aceite de ballena para las velas: la épica de luz para leer las novelas.

Lewis Mumford nos da una información clave para una historia de la iluminación de las casas. En su libro *La ciudad en la historia*, analiza la construcción tardía de las ventanas de vidrio: «Las casas más primitivas tenían pequeñas aberturas para las ventanas, con postigos para protegerse de las inclemencias del tiempo; más adelante contaron con ventanas permanentes de tela aceitada, papel y, más adelante, de vidrio. En el siglo XV, el vidrio, hasta entonces tan costoso que sólo se lo utilizaba en los edificios públicos, se hizo más frecuente, al principio sólo en la parte superior de la ventana.»

La luz de la linterna de Anna es la metáfora de la luz del lector, del aislamiento del lector en la oscuridad. La realidad está del lado de la lámpara (lo hemos visto en Tolstói y también en Kafka): la lámpara, la luz, la ventana, la ventanilla. Lo irreal y lo fantástico están, en cambio, del lado del libro: las letras mínimas, los signos impresos y su efecto enceguecedor.

UN SILLÓN DE TERCIOPELO VERDE

Uno de los mejores cuentos de Cortázar comienza así: «Había empezado a leer la novela unos días antes, la abandonó por negocios urgentes [otra vez la interrupción], volvió a abrirla cuando regresaba en tren a la finca [otra vez la lectura en tren]; se dejaba interesar lentamente por la trama, por el dibujo de los personajes.»

Se trata, por supuesto, del inicio de «Continuidad de los parques», un cuento brevísimo y extraordinario que no hace más que narrar los efectos de una lectura.

Todos recordarán cómo sigue la historia: el hombre está leyendo, sentado cómodamente en un sillón de terciopelo verde, bajo la luz de los ventanales, y la trama de la novela que lee empieza a ser la trama de su propia vida, porque el lector sin nombre lee en la novela la historia de una pareja de amantes que decide matar al marido de la

147

mujer (otra vez el adulterio). El final del relato llega cuando do empieza a anochecer. Según lo convenido, el amante entra en la casa con un puñal en la mano y encuentra a un hombre sentado, leyendo una novela en un sillón de terciopelo verde.

Lo inesperado, la sorpresa, irrumpe y perturba lo real. La interrupción, que ya vimos en *Anna Karenina*, aparece invertida, aislada y transformada en el nudo de la ficción del cuento de Cortázar.

Todo en el relato insinúa esa interrupción y trabaja la tensión entre ficción y realidad. No olvidemos que el hombre está «arrellanado en su sillón favorito, de espaldas a la puerta que lo hubiera molestado como una irritante posibilidad de intrusiones». El que lee está a salvo de cualquier perturbación, aislado de lo real. La lectura construye un mundo paralelo, pero ese mundo paralelo, esa experiencia ficcional de la lectura, irrumpe ahora como lo real mismo y produce un efecto de sorpresa y de vacilación. La ficción entra en lo real de manera inesperada; ya no es lo real que entra en la ficción. Pero la clave es que ese cruce se realiza como una operación interna al acto de leer.

El bovarismo se ha invertido: no se trata de leer en un libro una vida posible que se pretende alcanzar, sino de leer en un libro la propia historia, la letra del destino. Hay una pulsión oracular, podríamos decir. Como en *Cosmos* de Gombrowicz, el lector lee todo como si le estuviera personalmente dirigido. Una locura novelística. La lectura constituye el universo. La lectura (de una novela) como postulación de una realidad es el punto extremo de su autonomía.

«El desciframiento específico del funcionamiento ficcional está reservado a una minoría», ha escrito Luis Prieto en *Pertinencia y práctica*. Y, a menudo, la novela ha narrado las desventuras del que no entiende –o entiende demasiado bien– una ficción. Las condiciones de la suspensión de la incredulidad y la creencia han estado reservadas a las clases populares como lectores privilegiados de la novela. Ya en el *Quijote* se insinúa ese carácter bajo y vulgar del género, un rasgo que ha sido la marca del lector de novelas. Sansón Carrasco informa a don Quijote que «los que más se han dado a su lectura son los pajes; no hay antecámara de señores donde no se halle *Don Quijote*» (II, 3).

Pasar del mundo ficticio a la realidad es una peculiaridad de la cultura que ha estado siempre en cuestión. La distinción entre estos niveles ha sido teorizada con extrema sutileza. «En el patrimonio tecnológico que permitió a los europeos conquistar el mundo», señala Carlo Ginzburg en *Ojazos de madera*, «figuraba la capacidad acumulada por el paso de los siglos de controlar la relación entre ficción y realidad.»

La distinción o el cruce entre ambos términos es compleja y densa, y la novela como género no hace más que trabajar la relación entre ellos. En todo caso, se ha instalado en esa indecisión desde el origen. En el imaginario que surge de las propias páginas de la novelas, con la insistencia en el aislamiento del lector, está siempre presente la tensión entre ficción y realidad que es clásica del género.

Y es en el lector de novelas en quien Roger Chartier, un gran historiador de los hábitos de lectura, ha visto una síntesis de las reglas dominantes de los modos modernos de leer.

En muchos sentidos, señala Chartier, la novela ha definido nuestra manera de leer otros libros que no son novelas. Ha definido, habría que decir, lo que está ya planteado en la que muchos pensamos como la primera

149

de todas las novelas, el *Quijote:* no sólo el modelo de la prosa de ficción, sino el modelo de lo que quiere decir leer una ficción y perderse en ella. Ha definido, en fin, el gran modelo del lector de ficciones: ya no el que lee para descifrar como Dupin, ya no el que desconfía del sentido de los signos, sino el que confía y el que lee para creer.

La escena de Anna Karenina en el tren es una síntesis múltiple de estas cuestiones. La lectura de una novela (en la novela) es un ejercicio de construcción del pasaje y el cruce entre ficción y realidad, y la novela narra ese movimiento. También Madame Bovary, retirada en provincias y sin nada que hacer, se construye imaginariamente una vida fantástica en la que la lectura tiene un papel dominante. Lo que lee le permite vivir una vida paralela. La manifestación de ese otro lugar es el mapa de París. Emma se mueve con el mapa de París como Mami desde Buenos Aires en *La vida breve* de Onetti: «Con la punta del dedo paseaba a lo largo y a lo ancho por la capital.» Lo imaginario, la posibilidad de acceder a otro mundo y de vivir una vida paralela, forman parte de la novela misma. Hay una doble realidad y una doble vida.

Algunos han hecho de la creencia en la ficción la clave del funcionamiento de lo real. Con esto se abre, por supuesto, un complejo problema que tiene un peso decisivo en la política: basta llevar la suspensión de la incredulidad implícita en la novela al mundo social para que irrumpan todas las fantasías amenazadoras. Las ficciones de la política actúan sobre la tensión nunca explicitada entre lo verdadero y lo ilusorio.

El hombre en el castillo, la novela de Philip Dick, nos instala en un futuro incierto, un mundo paralelo en el que los nazis han ganado la guerra y los japoneses controlan la costa oeste de los Estados Unidos. Amenazados por la incertidumbre, todos leen un libro para tomar decisiones, aun las más insignificantes: el *I Ching*. Lo leen a la Bovary: sus vidas se estructuran sobre la lectura de ese texto y el desciframiento del oráculo.

Pero, a la vez que todo eso ocurre, comienza a saberse de la existencia de un libro que narra otra realidad: una novela *(La langosta se ha posado)* donde se cuenta que los nazis no han ganado la guerra. Esa novela está prohibida y circula de manera clandestina en la zona bajo control japonés. Todos los personajes principales de la novela de Dick están leyendo el libro en distintos momentos. Para algunos lectores la novela no tiene sentido, para otros plantea ciertos interrogantes. Sólo uno de los protagonistas del libro de Dick (Juliana, una joven profesora de judo inteligente y decidida) acepta plenamente la versión, está segura de que la novela dice la verdad. Segura de que el novelista ha hablado de su universo, del que la rodea aquí y ahora. Quiere que vea las cosas tal como son. De hecho, parece ser la única que lo acepta y lo sabe. En cierto sentido ella es la única lectora. «¿Qué había querido decir Abendesen? Nada acerca del mundo imaginario que él describía. ¿Y era ella, Juliana, la única persona que se había dado cuenta? Sí, casi podía asegurarlo. Ningún otro había entendido realmente *La langosta;* creían haberlo entendido.»

Juliana lee la novela con pasión y decide conocer al novelista que la escribió. El hombre está recluido en un castillo, amurallado. Allí lo visitará la muchacha.

El contraste entre ficción y realidad se ha invertido. La realidad misma es incierta y la novela dice la verdad (no toda la verdad). La verdad está en la ficción, o más bien, en la lectura de la ficción. La novela, los libros prohibidos, dicen cómo es lo real. Se trataría, entonces, de

151

percibir una tensión entre Estado y novela e incluso entre lectura y verdad estatal.

A menudo, la idea de alguien que sólo tiene un libro en el que se cifra un mundo perdido se reproduce en una escala ampliada. Orwell en *1984*, Bradbury en *Fahrenheit 451*, Aldous Huxley en *Un mundo feliz*, entre otros, han narrado mundos futuros en los que el acto de leer ha sido prohibido y la lectura considerada una práctica subversiva. Es la condensación de la amenaza pura: una sociedad que liquida cualquier tipo de autonomía, ocupa todos los espacios e impide la privacidad. Sin embargo, en esos relatos en los que la lectura está controlada y prohibida, siempre hay alguien que lee: un único lector o una asociación secreta de lectores en fuga.

Siempre hay una isla donde sobrevive algún lector, como si la sociedad no existiera. Un territorio devastado en el que alguien reconstruye el mundo perdido a partir de la lectura de un libro. Mejor sería decir: la creencia en lo que está escrito en un libro permite sostener y reconstruir lo real que se ha perdido. Esta relación se hace evidente en muchas escenas de *Robinson Crusoe*, la novela de Defoe.

LOS RESTOS DEL NAUFRAGIO

Lo que salva a Robinson del horror, lo que le permite escapar de la locura y reconstruir el sentido de lo que está viviendo, son los libros que rescata entre los restos del naufragio (mejor sería decir: *el* libro).

En el principio de la historia se insinúa la imagen de un Robinson asediado por la locura y el terror: luego de sobrevivir varias semanas en la isla, enfermo y con fiebre, tiene pesadillas que lo acosan. Entonces rememora su experiencia en Brasil: «Recordé que los brasileños no toman otra medicina que el tabaco para la mayoría de las enfermedades», y va en busca de lo que ha rescatado del barco. Pero junto con la medicina que procura encuentra allí, de manera milagrosa, el verdadero remedio salvador: «Abrí el arcón y encontré el tabaco que buscaba. También estaban allí los pocos libros que había conseguido rescatar. Tomé una de las Biblias que he mencionado antes, que hasta ese momento no había leído debido a la falta de tiempo o a la falta de ganas.»

Y entonces vemos a Robinson leer. Está solo en la isla, mal vestido, enfermo, y con un libro en la mano: «Me puse a leer la Biblia, pero estaba demasiado mareado para leer. Sin embargo al abrir el libro al azar las primeras palabras con las que me encontré fueron éstas: *"Invócame en el día de la angustia y te libraré y tú me darás gloria."*»

La lectura de la Biblia tiene, para Robinson, el sentido de una explicación de la experiencia; de manera deliberada, el sentido está colocado en el interior de esa lectura. Lo que lee le está personalmente dirigido, el contexto de su vida decide el sentido. Desde luego, esa lectura lo cura de la enfermedad. En este aspecto, Robinson es la inversa de don Quijote, que se enferma al leer. Pero, al igual que don Quijote (y que Hamlet), por ser un lector es uno de los grandes héroes de la subjetividad moderna.

De hecho, se trata de una conversión. Tendríamos que hablar de una conversión por la lectura. Sólo después de leer la Biblia, Robinson podrá sobrevivir y salvarse. Recién encontrará el sentido posible de su vida verdadera cuando lo lea en un libro. Robinson no lee para descifrar un sentido velado, lee para encontrar lo que se ha perdido, para descifrar la verdad oculta en su existencia. Robinson *cree* en cuanto empieza a leer, y la lectura se realiza en su vida. Hay cierto quijotismo en Robinson: lee para vivir.

Varias veces recurre a la Biblia a lo largo de la novela para resolver sus problemas. Las circunstancias son siempre las mismas: de inmediato vincula lo que lee con su experiencia personal, vislumbra en lo que lee su destino. Ecos muy arcaicos de la lectura del oráculo se cifran en esta situación: «Una mañana en la que me sentía muy triste, abrí la Biblia y leí lo siguiente: *No te dejaré ni te abandonaré*. Enseguida pensé que estas palabras estaban dirigidas a mí. [...] Desde ese momento llegué a la conclusión de que era posible ser más feliz en estado de soledad de lo que hubiera sido probablemente si hubiera estado en cualquier otra situación.» La Biblia es leída como respuesta a una pregunta personal. Mejor, el libro responde a una pregunta personal. El texto enigmático encuentra su sentido y su realización en lo real.

No se trata, por otra parte, de una lectura lineal, sino de una lectura fragmentada, a libro abierto, que permite establecer una relación inesperada, mística, diría, entre la letra y el azar. La lectura casual, no intencionada y no lineal es una prueba de su verdad. El sujeto siempre encuentra lo que busca. (Todo el que narra una lectura da con el libro preciso en el momento justo.)

Robinson nunca lee relatos, sólo definiciones, sentencias explícitas que le están dirigidas. Siempre busca la palabra revelada. La fe es un suplemento del sentido, es decir, la fe asegura el sentido (y supone una doble lectura). Si el bovarismo es la tendencia a verse en la lectura como otro del que se es, Robinson hace lo contrario: descubre quién es al leer la Biblia y se despoja de todas las falsas identificaciones que lo han llevado a la ruina.

Piensa que su permanencia en la isla es la vida verdadera, una experiencia de individualización y de salvación que lo aleja de la perversión que ahora reconoce en su pasado. La Biblia lo salva de la locura y de la animalización porque le restituye el sentido *a su propia experiencia*. Ya no es un comerciante, ya no es un traficante, ni siquiera un náufrago: es un pecador que espera la salvación y confía en ella. La única alegoría es la de su propia vida: el extravío, el naufragio, la lectura, la fe, la soledad, la austeridad, la salvación.

Desde luego, todo el protestantismo está aquí. Tal vez deberíamos decir el calvinismo: la lectura personal de la Biblia, sin la mediación del intérprete o el sacerdote, y la lectura igualitaria, la Biblia en lengua vulgar y al alcance de todos, gracias a la imprenta. (La primera traducción de la Biblia al inglés es de 1535 y la novela se publica en 1719.) Las distintas Biblias que Robinson trae consigo desde Inglaterra son un ejemplo de la amplia circulación que ha implicado el impacto de la imprenta. «También encontré tres Biblias en buen estado que venían con mi cargamento de Inglaterra y que había incluido en mi equipaje. Un par de libros de oraciones que utilizaban los papistas. Asimismo, puse a salvo algunos libros escritos en portugués.»

La lectura de la Biblia le ordena el mundo, lo estabiliza. La experiencia se organiza y se escande a partir del acto de leer: «Había dividido mi tiempo de manera regular, según las distintas tareas de las que debía ocuparme, de acuerdo con el siguiente plan. *Primero* la lectura de las Sagradas Escrituras para las que reservaba cierto tiempo tres veces por día.»

La regla que se impone es clara: antes de actuar, hay que leer.

El héroe del ascetismo protestante, que reproduce la economía capitalista en un aislamiento perfecto, es antes que nada un lector solitario. El lector solitario por excelencia, habría que decir. La soledad de Robinson se asimila con el aislamiento del lector. Se han perdido ya los ves-

155

tigios de la lectura colectiva. La lectura se disfruta en la soledad: no importa si en el *boudoir*, en el escritorio o en la biblioteca. De hecho, hay una relación formal entre la lectura y la isla desierta. Robinson es el modelo perfecto de lector aislado. Lee solo y lo que lee le está personalmente dirigido. La subjetividad plena se realiza en el aislamiento y la lectura es su metáfora. El lector ideal es el que está fuera de la sociedad.

«¿Qué libro se llevaría usted a una isla desierta?» es una de las preguntas claves de la sociedad de masas. Sin duda, se funda en *Robinson Crusoe* y supone que para salir de la multiplicidad o de la proliferación del mercado hay que estar en una isla desierta. La pregunta es precavida e incluye varias a la vez: «¿Qué libro leería si no puede hacer otra cosa?» Y también: «¿Qué libro cree usted que le sería de *utilidad* personal para sobrevivir en condiciones extremas?» Hay, por supuesto, una teoría de la lectura implícita en la pregunta.

El sujeto que lee en soledad se aísla porque está inmerso en la sociedad, de lo contrario no precisaría hacerlo. Marx ha criticado la idea de grado cero de la sociedad en el mito del robinsonismo, porque incluso un sujeto aislado por completo lleva con él las formas sociales que lo han hecho posible. El aislamiento presupone la sociedad de la cual el individuo quiere huir. «El hombre es en el sentido más literal un *zóom politikón*, no sólo un animal social, sino un animal que sólo en la sociedad se puede aislar», escribe Marx en la *Introducción a la crítica de la economía política*, y agrega una idea que anticipa la noción de lenguaje privado de Wittgenstein: «La producción de un individuo aislado fuera de la sociedad es tan absurda como el desarrollo de una lengua sin individuos que vivan juntos y hablen entre ellos.»

El individualismo es un efecto de la sociedad y no su condición. De hecho, podemos pensar que Robinson es el delirio propio de un inglés, la cristalización de la más extrema insularidad: un hombre aislado, rodeado por el mar y con toda la tierra para él, que lee la Biblia y se dispone a dominar su reino, su castillo, sus posesiones. Joyce lo ha dicho bien y antes que nadie. En una conferencia en Trieste, en 1912, habló de la novela de Defoe como «la profecía del imperio, el verdadero símbolo de la conquista británica», y de Robinson Crusoe como «el verdadero prototipo del colonizador británico».

Por cierto, la verdad oculta de la colonización no es tan idílica. En el aire limpio de la isla, bajo el sol blanco de los trópicos, se esconde «el corazón de las tinieblas»: ahí está Kurtz, el personaje arrogante y despótico de Conrad. Ese otro náufrago de la civilización, la realización pura del colonialismo (y su secreto), es el doble delirante de Robinson. Le faltan la creencia y el libro sagrado porque él mismo se ha colocado en el lugar de Dios, atrapado por el demonio del comercio y la superstición. Ése es el horror del que escapa Robinson gracias la Biblia (y al tabaco brasileño).

Con Robinson estamos en plena historia de América. Brasil, el país donde ha estado viviendo tres años como plantador, está muy presente en la novela, y también la crítica inglesa al imperio español (y ya sabemos el papel que juega Gran Bretaña en la independencia de muchas de las provincias españolas en el siglo XIX). De hecho, el último barco que naufraga en la novela viene de Buenos Aires. Estamos en 1682, el virreinato del Río de la Plata todavía no se ha constituido, pero Defoe registra a Buenos Aires y al río de la Plata como un puerto que contacta con La Habana, un dato muy preciso ya que se trata del tráfico de carne salada a los mercados de esclavos. Y lo que Robinson encuentra en ese barco encallado son licores y armas. Los americanos están, por su parte, encarnados en Viernes, el caribe, el caníbal. Viernes es el colonizado americano en estado puro.

La colonización y la conquista suponen la dominación militar y la violencia. El terror de Viernes frente al fusil repite el terror de los aztecas frente a los cañones y a los caballos de Cortés, modelo de las nuevas relaciones sociales. Pero la conquista y la colonización también suponen la Biblia. Quiero decir, suponen el acto de leer como fundador del dominio territorial y espiritual. En la tradición española, el rey insiste en el acto de hacer leer en voz alta sus proclamas como fundador del dominio. Los derechos sobre la tierra y sobre las almas se estabilizan en esa acción. Los registros indígenas se refieren a «lienzos que hablan» y señalan que los conquistadores «hablaban en lienzos», aludiendo al tipo de papel, hecho de telas. En Rulfo hay todavía ecos de esa práctica legal y jurídica. En «Nos han dado la tierra», los representantes del gobierno exhiben, ante los campesinos analfabetos, los documentos de posesión.

Muchas escenas de lectura de esta índole recorren la historia de la conquista. En el proceso de domesticación de Viernes, Robinson se instala en esa tradición. «Cuando leía las Escrituras siempre le explicaba a Viernes lo mejor que sabía cuál era el significado de esas lecturas.»

Su dominación y metamorfosis se concentran en la lectura y explicación de la Biblia. «El salvaje era ahora un buen cristiano», dirá más tarde Robinson.

Cómo recibe Viernes esas lecturas no lo sabemos más que por su docilidad. La idea de la lectura en voz alta referida a los analfabetos –o, más en general, la lectura en voz alta como una forma de sociabilidad– ejemplifica la ima-

158

gen de las clases populares como sujetos neutros que deben ser educados, cuyas características básicas son la infantilización y la creencia extrema.

La metáfora de la recepción popular como creencia supersticiosa e ingenua es clarísima en «El evangelio según Marcos» de Borges. Durante una inundación en unos campos de la provincia de Buenos Aires, aislado por el agua, un inglés lee la Biblia a los peones analfabetos de la estancia. Ellos creen al pie de la letra en la historia que escuchan y terminan por crucificarlo. En Borges y en Defoe, el aislamiento aparece como condición de la lectura perfecta, pero a la vez da cuenta de una fantasía paranoica.

La inversa de esas relaciones entre lectura y creencia está presente en Roberto Arlt, desde luego, y se condensa en la frase de Ergueta en *Los siete locos* (una de las más irónicas y memorables de la literatura argentina): «Rajá, turrito, rajá. ¿Te pensás que porque leo la Biblia soy un otario?»

Un lector sería entonces el que encuentra el sentido en un libro y preserva un resto de la tradición en un espacio donde impera otra serie (el terror, la locura, el canibalismo) y otro modo de leer los signos (del que la huella de un pie en la arena sería un ejemplo). En un sentido, podemos pensar que sin la lectura el náufrago se animaliza.

La lectura es una defensa más fuerte que la valla. En los objetos salvados del naufragio, precisos y útiles, se encarnan la sociedad y las relaciones sociales. La utilidad es la clave de la moral de Robinson: «En una palabra, la naturaleza y la experiencia me habían llevado a percatarme, después de reflexionar sobre ello, de que todas las cosas de este mundo carecen de valor, a menos que podamos utilizarlas de algún modo», escribe.

En este sentido, la Biblia es un instrumento tan útil como el cuchillo, la pólvora y el tabaco. Es el vínculo con la sociedad (junto con las herramientas). Para Robinson, la posibilidad de lectura de la Biblia es una prueba de que la Providencia existe: ¿cómo habría rescatado, si no, los libros en el barco hundido?

En la novela de Defoe, la Providencia está vinculada a lo que lograr salvar, y la Biblia aparece para darle sentido a la suerte. Pero, al mismo tiempo, una fuerte determinación está en juego en el hallazgo: los objetos que rescata son la cristalización de las relaciones sociales y de la sociedad que ha perdido. Robinson está solo (una utopía) pero lleva consigo el estadio de la sociedad que ha dejado atrás; lo lleva en sus saberes, pero también en los objetos recuperados: además de las herramientas, la Biblia. «Nunca abría o cerraba la Biblia», recuerda, «sin dar gracias a Dios por haber hecho que mi amigo incluyese ese libro entre mis pertenencias mientras se encontraba en Inglaterra, aunque yo no se lo había pedido. También le daba gracias por haberme ayudado a salvar la Biblia del naufragio.»

Lo que vemos en la cita es, además, el acto de leer como resultado de una catástrofe, de un naufragio, de una pérdida de realidad. Ese acto se narra porque algo trágico ha sucedido y el libro que sobrevive ayuda a reconstruir el mundo que se ha desmoronado (una idea que ha tenido una circulación amplia en la ciencia ficción).

Dos son, entonces, los grandes mitos de lector en la novela moderna: el que lee en la isla desierta y el que sobrevive en una sociedad donde ya no hay libros.

Me gustaría cerrar este capítulo con la imagen de una mujer que ha leído y que no quiere decir su nombre (como casi todos los lectores). Se trata de una actriz.

Hay que señalar que el teatro y la representación han estado presentes en las escenas que hemos recorrido. En muchas de ellas puede advertirse una relación entre representación y lectura. De manera evidente, en *Hamlet*. Y podríamos decir que, de manera secreta, en *Madame Bovary*, en el *Quijote*, en «La muerte y la brújula»: Emma, don Quijote y Eric Lönnrot actúan lo que leyeron en los libros, representan un personaje imaginario, actúan los efectos de una lectura.

De algún modo, un actor es alguien que ha leído y dice luego los textos de otro como si fueran propios. En la escena, la relación entre lectura y teatro se ha borrado y es invisible, pero si reconstruimos el modo en que la lectura pone en juego la representación hay que decir que los actores son lectores que actúan lo leído. Jesper Svenbro ha rastreado en los actores y en el teatro griego los orígenes posibles de la lectura en silencio. «La lectura silenciosa –rapidez, inteligibilidad– puede haber sido modelada sobre la experiencia del teatro», escribió en su ensayo sobre la invención de la lectura silenciosa.

He pensado en estas relaciones porque hay una mujer en la historia de Baigorria, aquel coronel que se va tierra adentro a vivir con los indios y lee el *Facundo* en el desierto. Una mujer que no habla de sí misma y de la que sólo se sabe que era una actriz. Una cautiva que no dice su nombre, bella y lejana en la llanura, junto al hombre que lee el *Facundo* en una tapera en medio de la pampa, cerca de las fogatas. Baigorria, el lector en el desierto, no estaba solo. En todo caso, no era célibe. En *Callvulcurá y la di-*

nastía de los Piedra Estanislao Zeballos habla de Baigorria
y cuenta una historia inolvidable, que nos permite abrir
una nueva línea en las figuraciones del lector:

Había también [entre los indios] un núcleo de mujeres notables que por su belleza y posición eran el mosto
de aquella sociedad transitoria y singular. Conocí tres es-
posas sucesivamente del Coronel Baigorria. La primera
fue una arrogante y fina mujer, cautiva en una mensajería
en el año 1835, cerca de la esquina de Ballesteros, posta
del camino de Rosario a Córdoba. Cuando yo la conocí
tenía treinta y cuatro años y era una belleza no solamente
notable entre los indios, sino también en las ciudades. Su
blanca tez, ya percudida, conservaba, sin embargo, un es-
plendor melancólico, que no habían podido marchitar las
hondas amarguras de la prisión salvaje. Era una artista
dramática muy aplaudida en el Plata y que viajaba a Chile
cuando el infortunio se desplomó sobre ella. El Coronel
Baigorria, que había ido en la invasión, salvó la vida y el
pudor de la artista. Le fue difícil lograrlo porque los indios se sentían atraídos y avasallados por aquella espléndi-
da mujer [...] A los tres meses de cautiverio fue esposa del
Coronel Baigorria [...] El Coronel la tenía lujosamente
vestida, con el mejor paño de estrella que vendían los indios a los pulperos de frontera y adornada con las costosas
joyas de oro y plata que fabricaban los artistas indígenas,
en las platerías famosas de las lagunas de Trapal y El Cuero. Ella parecía indiferente a todo. Con el corazón yerto,
vegetaba tristemente, y murió en 1845, sin haber querido
revelar a nadie su nombre verdadero.

Tenemos aquí una nueva imagen del último lector: la
que no quiere decir su nombre, la artista dramática. Una

actriz prisionera en el desierto, hacia mediados del siglo XIX, en el Río de la Plata. Una figura enigmática. Ella tiene, en su silencio, el recuerdo de los libros que ha leído y que están en su memoria. Podemos imaginar su historia, los teatros en los que ha actuado y los textos que ha leído y resuenan, como una música, en el silencio del desierto. La historia de una actriz cautiva. La actriz como lectora.

Corren los tiempos de Rosas. Varias compañías actúan en Buenos Aires por esos años. Realizan actuaciones en el teatro Victoria y en el teatro Argentino de Buenos Aires, hacen giras por el interior del país, se presentan también en Montevideo, Santiago de Chile y Río de Janeiro. Pequeñas compañías andan, entonces, por las provincias y los países vecinos. Entre ellas –según registra Raúl Castagnino, en *El teatro en la época de Rosas*– sobresale la de Telémaco González, que viajaba con frecuencia a Chile e integraban Trinidad Guevara y Juan Casacuberta, fundadores del teatro nacional.

Pero lo que nos interesa es un pequeño incidente que cuenta Beatriz Seibel en *Historia del teatro argentino*. Allí relata una de las giras de la compañía de Telémaco González por las provincias, que posiblemente tuviera como objetivo volver a Chile, donde ya era muy conocido:

A principio de año otro grupo de actores ha partido para una gira en Córdoba. Telémaco González, su madre Josefa Funes, su hermanastra Emilia (hija de Alberto González y Josefa Funes), sus sobrinos Cristina y Juan Casacuberta. Pero no llegan a destino porque, según la narración de Telémaco, son atacados por «indios salvajes», de los que escapan «con lo puesto» para volver a Buenos Aires, quedando cautivas su madre y el resto de la familia.

163

Un grupo de actores, entre los que hay unas cuantas damas, viajan por el desierto y son sorprendidos por los indios. Varias mujeres quedan cautivas. Podemos imaginar que una de ellas es la bella y misteriosa mujer de Baigorria.

No lo sabemos. Pero sí sabemos que en el repertorio de esa compañía hay obras de Alfieri y tragedias de Shakespeare, como *Otelo* y *Hamlet*. Son las primeras piezas de Shakespeare que se dan en estas regiones (y es Sarmiento quien hace la crítica del *Otelo*). Y también sabemos que era frecuente que las mujeres representaran papeles masculinos («María Teresa Samaniego interpretaba el rol masculino "fuerte y heroico" de Felipe II en la tragedia de Alfieri y Trinidad Guevara interpretaba al joven Pablo en *Virginia*, otra tragedia de Alfieri», cuenta Mariano G. Bosch en *Historia de los orígenes del Teatro Nacional Argentino*).

Podemos imaginar entonces a nuestra cautiva actuando en *Hamlet* o tal vez en *Otelo*. Y las tragedias de Shakespeare resonando en la memoria de esa mujer en el desierto.

Allí, en la frontera, junto a otras cautivas blancas, gauchos perseguidos, desertores, está la actriz-lectora. Es una sociedad sin libros, *casi* sin libros. Una sociedad cartografiada, imaginada, controlada por letrados. («No se ha de llover el rancho / en donde este libro esté», dice Martín Fierro hablando de sí mismo.) Siempre hay un libro en el desierto; siempre aparece la idea de un libro que sobrevive en el desierto y, como el *Facundo* que lee Baigorria, encierra la verdad de ese mundo y predice su fin.

Quizá una historia secreta de la lectura en el Río de la Plata tendría que empezar por esa bella cautiva que no quiere decir quién es.

6. CÓMO ESTÁ HECHO EL «ULYSSES»

El título de este capítulo es un homenaje al escritor y crítico ruso Víctor Sklovski y a uno de los textos que escribió, «Cómo está hecho "Don Quijote"», que podríamos pensar como un doble de otro ensayo, también fundador y por lo demás muy joyceano, «Cómo está hecho El Capote», de Borís Eikhenbaum.

Estos lectores rusos nos interesan especialmente porque definen la relación con un texto en función de cómo ha sido construido y plantean los problemas de la construcción y no los problemas de la interpretación.

Esta distinción remite a una diferencia en el uso de la literatura; se trata de dos modos diferentes de leer y de usar un libro, dos modos de apropiación de los textos.

Como todos, este dualismo es deliberado y no supone una jerarquía sino la localización de dos estrategias. Aunque las diferencias no son tajantes y las posiciones son intercambiables, podemos considerarlas dos lenguajes distintos, dos modos diferentes de hablar de la literatura.

Leer desde donde se escribió no define al lector ideal

165

como el que mejor lee sino como el que lee desde una posición cercana a la composición misma. Nabokov lo señala con claridad: «El buen lector, el lector admirable no se identifica con los personajes del libro, sino con el escritor que compuso el libro.» Borges había planteado lo mismo en 1925, en «Profesión de fe literaria»: «El personaje que importa en la novela pedagógica *El Criticón* no es Critilo ni Adrenio, ni las comparsas alegóricas que lo ciñen: es el fraile Gracián, con sus genialidades de enano [...] Asimismo, nuestra cortesía le finge credulidades a Shakespeare, cuando éste infunde en cuentos añejos su palabreo magnífico, pero en quien creemos verdaderamente es en el dramatizador, no en las hijas de Lear.»

Quien lee desde ese lugar sigue un rastro en el texto y, fiel a ese recorrido, considera las alternativas que la obra dejó de lado. («Examen de la obra de Herbert Quain», de Borges, es el relato de esa aventura.) Más que leer como si el texto tuviera un sentido escondido, se tiende a interpretar en el sentido musical, a imaginar las variantes posibles y las modulaciones.

Leer desde ahí quiere decir leer como si el libro no estuviera nunca terminado. Ningún libro lo está por más logrado que parezca. No existe el texto cerrado y perfecto: la terminación, en el sentido artesanal, lleva a buscar en el revés los lugares de construcción y a plantear de otro modo el problema del sentido. Manuel Puig contaba que cada vez que se ponía a leer una novela, empezaba a reescribirla.

Joyce ha sido siempre un ejemplo de extraordinaria pureza en esa posición: sabemos lo que hizo cuando leyó por primera vez a Flaubert (a quien prefería, sin embargo, a cualquier otro escritor): corrigió dos defectos en el principio y en el final de *Trois contes*. Richard Ellman lo cuen-

166

ta con extrema precisión: «Tomó el ejemplar de Jaloux y les mostró el error que había descubierto en la primera frase de *"Un cœur simple"*: *"Pendant un demi-siècle, les bourgeoises de Pont-l'Évêque envièrent à Mme. Aubain sa servante Félicité"*, leyó. Y luego dijo: *"Envièrent* debía ser *enviaint*, pues la acción continúa en lugar de interrumpirse."* Luego pasó las páginas del libro, probablemente recordando otros errores que conocía, y se detuvo en la última página de *"Herodias".* Leyó la última frase del cuento: *"Comme elle était très lourde, ils la portaient alternativement."* *"Alternativement* es un error", dijo Joyce, "pues eran tres los porteadores."»

La noción joyceana de *work in progress,* de obra en marcha, de dispositivo que nunca está fijo, es básica aquí. Se trata de un uso práctico de la literatura, una lectura técnica que tiende a desarmar los libros, a ver los detalles, los rastros de su hechura. Y que se interroga además sobre la utilidad y el valor de los textos. «Cómo está hecho un libro» y «cuánto cuesta» son las preguntas fundamentales. «¿Cuánto vale un libro?» es el correlato de la pregunta sobre su uso. La tensión entre el uso y el valor está siempre presente.

La economía es la metáfora básica de ese dispositivo: define, antes que nada, una relación entre la literatura y el dinero. Joyce, por ejemplo, creía que su talento se explicaba por su tendencia al derroche: gastaba lo que no tenía, daba propinas increíbles, pedía prestado y se endeudaba, y entendía que esa prodigalidad con el dinero estaba relacionada con su capacidad literaria.

La inversa podría ser Kafka: el dinero como un objeto extraño y peligroso. En una carta a Milena de enero de 1922 cuenta una historia que puede ilustrar lo que estamos diciendo. En su dilación, la escena concentra el mundo narrativo de Kafka: «Una vez, cuando era muy pequeño, había conseguido una moneda de diez centavos y tenía muchos deseos de dársela a una mendiga que solía apostarse entre las dos plazas. Ahora bien, me parecía una cantidad inmensa de dinero, una suma que probablemente ningún mendigo había recibido jamás, y por lo tanto me avergonzaba hacer algo tan extravagante ante la mendiga. Pero de todos modos tenía que darle el dinero: cambié la moneda, le di un centavo a la vieja, y luego di la vuelta entera a la manzana de la Municipalidad y de la arcada, volví a aparecer como un nuevo benefactor por la izquierda, volví a darle un centavo a la mendiga, me eché nuevamente a correr y repetí diez veces la maniobra. (O tal vez menos, porque creo que en cierto momento la mendiga perdió la paciencia y desapareció.)» Como siempre en Kafka, todo se ha desplazado: la generosidad es una exigencia, no se puede evitar, hay que tratar de ocultarla pero es inútil.

El derroche, la limosna, los préstamos, el crédito, todos estos términos podrían ser metáforas muy productivas de los modos de leer. Un sistema de apropiación, más que de interpretación, define los usos. Las propiedad está desplazada. E. M. Forster, en *Aspect of the Novel*, imaginó a todos los novelistas de distintas épocas escribiendo al mismo tiempo en la mesa de una biblioteca con toda la literatura a su disposición. Una idea que, por supuesto, se opone a la noción de historia literaria o de progreso, a la idea de linealidad y de jerarquía; cualquier elemento del pasado puede ser utilizado como si fuera nuevo. La imagen de Forster es la representación de un espacio concreto, un laboratorio donde conviven los instrumentos, los experimentos, los preparados. Es Joyce trabajando en su cuarto, con tiras de papeles y libros, sobre la cama, con una lupa y toda la literatura frente a él. La tradición literaria es un campo de asociaciones tan visible como las calles de Dublín. O mejor, un espacio material tan visible como los recorridos por la ciudad. Basta ver cómo Joyce actualiza todos los estilos de la literatura en lengua inglesa en el capítulo de la clínica en *Ulysses:* sin contexto de época, todo está fuera de contexto, o mejor, en el contexto de su uso en el presente.

El otro gran ejemplo de esta lectura práctica es el uso que hace Joyce en *Ulysses* de los modelos homéricos. Podemos retomar aquí la distinción inicial. En el *Ulysses,* la *Odisea* es un referencia importante para el que escribe el libro, pero no para el que lo lee. Las correspondencias y reminiscencias entre un texto y otro fueron muy útiles a Joyce en el momento de la construcción del libro porque le permitieron utilizar una especie de rejilla o de diagrama para poner orden en un material que proliferaba. La *Odisea* funciona como un procedimiento de unificación de la trama, como un argumento secreto que hace avanzar la acción. Éste es el punto que nos interesa, y no las interpretaciones que dispara la presencia del texto griego, la proliferación de las interpretaciones que convoca o las resonancias míticas que encuentran los críticos junguianos en cada escena. Los exégetas y críticos del *Ulysses* se han enredado en un debate interminable acerca del lugar y la función de las correspondencias entre los capítulos del libro de Joyce y los acontecimientos de la *Odisea* que, desde el punto de vista de la lectura, tienen una función muy secundaria.

Para Joyce, el sistema de las referencias homéricas fue una etapa necesaria en la construcción de la obra, como el molde de hierro de una escultura que desaparece, retirado o escondido por el material. Cuando le preguntaron por qué tituló su libro *Ulysses*, Joyce respondió: «Es mi sistema de trabajo.»

Se produce entonces un fenómeno de inversión bastante clásico en la función de las correspondencias: medio de ordenar el material por el autor en el origen, se convierten en un símbolo a descifrar. Muchos elementos formales, útiles en la construcción, pasan a formar parte de la interpretación como un mecanismo de lectura, y reducen el texto a un sistema de correspondencias y de relaciones secretas que no son fundamentales. Las estrategias de construcción de pistas falsas y rastros ciegos son clásicas en este sentido, y derivan en la invención del exégeta insomne como modelo de lector perfecto en Joyce.

La estructura oculta (borrada y por eso visible) se transforma en uno de los significados del mensaje joyceano. El texto perdido se muestra al mismo tiempo que su versión: en la duplicidad se impone la parodia. Es preciso, claro, conocer el texto segundo: ésta es la lección de Joyce.

La *Odisea* aparece entonces como un modelo o un plan platónico en la composición y como una trampa alegórica en la interpretación. Por un lado, permite discutir la materia del libro (su argumento o, mejor, qué es un argumento); por otro, abre paso al debate sobre parodia, texto doble, cita, alegoría.

Si la novela de Joyce define un nuevo uso de la literatura y de la tradición, hay que imaginar que la *Odisea* como máquina está en el origen mismo del texto, que se remonta a 1906. Inicialmente, Joyce concibió el *Ulysses* como un relato de *Dubliners*. «Tengo en la cabeza un nuevo relato para *Dubliners*. Trata del señor Hunter», escribe en una carta a Stanislau Joyce, el 30 de septiembre de

1906). Y Richard Ellman aclara en una nota: «El relato iba a titularse "Ulysses". Alfred Hunter era un dublinés que, según se rumoreaba, era judío y su esposa le era infiel.» Pero su escritura se demora: «Estaba pensando en empezar mi relato *"Ulysses"*: pero tengo demasiadas preocupaciones en este momento», vuelve a escribir a Stanislaus el 13 de noviembre de 1906.

De ese esbozo de composición han quedado varios vestigios en la novela.

LA METEMPSICOSIS EN DUBLÍN

Los rastros del proyecto original se encuentran cifrados en la conversación inicial entre Bloom y Molly al empezar la mañana del 16 de junio. Se trata, por lo demás, de otra clásica escena de lectura, como las que hemos venido registrando.

Molly se despierta y le pide a Bloom que busque un libro caído que ha estado leyendo. Ella ha señalado en él una palabra que no entiende y que ha pronunciado mal *(met him pike hoses)*. «¿Metempsicosis?», dice Bloom. «Es griego: viene del griego. Significa la transmigración de las almas [...] Algunas personas creen que seguimos viviendo después de muertos en otro cuerpo como el que hemos tenido antes [...] Llaman a eso reencarnación [...] Dicen que lo hemos olvidado. Algunos pretenden recordar sus vidas pasadas.»

Metempsicosis, transmigración, reencarnación: podemos ver allí el núcleo del relato. Ulises reencarnado en un judío de Dublín que no recuerda nada de su vida anterior y Penélope reencarnada en Molly, la mujer infiel. Toda la escena está ligada a la comprensión de una palabra. Joyce solía cifrar en una palabra la delicada construcción de *Dubliners* y podemos conjeturar que la metempsicosis fue la primera idea de una historia que se planeó como uno de los relatos del libro. Es posible imaginar un relato de *Dubliners* escrito a partir del enigma de esa palabra. Molly no entiende su significado y el significado se expresa en el relato mismo: el alma de Odiseo ha transmigrado a Bloom. La palabra condensa el sentido enigmático del relato.

Ése era el modo que tenía Joyce de trabajar la narración y, desde luego, su gran aporte a la historia de la forma breve. La epifanía esta ahí, en el desconocimiento de un sentido inmediato, en el movimiento de distancia y retraso en relación con el sentido. Joyce hace de una palabra mal leída el motor de la trama. Veamos el primer relato de *Dubliners*, «The sisters»: la palabra es, allí, parálisis.

«Cada noche, al levantar la vista y contemplar la ventana, me repetía a mí mismo en voz baja la palabra "parálisis". Siempre me sonaba extraña en los oídos, como la palabra "gnomón" en Euclides y "simonía" del catecismo. Pero ahora me sonó a cosa mala y llena de pecado.» Eso dice el narrador, un muchachito amigo del padre Flynn, ante la muerte inminente del sacerdote. Flynn es un hombre extraño y enigmático para los personajes, sobre el que circulan historias que no acaban de contarse.

El muchacho actúa como «lector extranjero» en cuanto recuerda palabras que *«sounded strangely in [his] ears»*. El sentido es inescrutable, no emerge del contexto, como sucede habitualmente con las palabras desconocidas, no se explica ni se interpreta. La fascinación deriva de su opacidad original. Y el sentido de la palabra indescifrable es el relato mismo. Por supuesto, éste puede ser reconstruido: la parálisis circula por todo el texto y el «extraño» padre

Flynn, que está inmovilizado y ha padecido su tercera embolia, muere de una parálisis.

La forma de cuento «inventada» por Joyce en *Dubliners* trabaja con la referencia implícita, el segundo sentido que da forma y tensión pero que debe estar señalado en el relato para no ser una simple inferencia de la interpretación. Una historia «olvidada», secreta, circula bajo la superficie y define los hechos (es el iceberg del que habla Hemingway). Una palabra, que emerge como un objeto perdido, puede ser la clave del relato invisible: «parálisis» en «The sisters»; «metempsicosis» en el proyecto inicial de *Ulysses*. Una palabra enigmática es la clave, y su significado es un relato y no una interpretación.

En la novela, sin embargo, los usos de esa historia secreta se expanden y proliferan. La *Odisea* mantiene su función de motor implícito de la escritura y de secreto tácito entre los personajes. Al crecer y desarrollarse, la novela transformó ese rasgo temático, que se mantuvo sin embargo como su germen primitivo, profundizando la forma de trabajo de *Dubliners*.

Podríamos decir que en el *Ulysses* se trabaja centralmente con la idea de palabras clave no comprendidas, expandidas hasta el límite. «Metempsicosis», la palabra que Molly no entiende, es una palabra leída; su resonancia se extiende por todo el libro y define un sistema de expansión que dará lugar a un nuevo modo de narrar. La distorsión de la palabra es el núcleo mismo de la técnica narrativa de Joyce. El término transformado, ligado a la dicción de Molly, se repite y regresa como un tema a lo largo de la novela. Son varias las escenas que lo registran.

En una de ellas, Bloom recuerda el modo en que su mujer pronuncia el término, y el incidente queda grabado en su memoria: «Mete en sí cosas decía ella hasta que le expliqué lo de la transmigración.»

La palabra aparece una vez más a mediodía cuando Bloom encuentra a un ciego y lo ayuda a cruzar la calle. «Pobre muchacho. Terrible [...] ¿Será que en esta vida somos castigados por los pecados cometidos en la otra? Karma llama a esa transmigración por los pecados que uno cometió en la vida anterior la reencarnación mete en si cosas. Vaya.»

Por la noche es Molly quien vuelve sobre la palabra, medio adormilada pensando en su marido: «Aquella palabra meten si no sé qué y me sale con palabrotas enrevesadas sobre la encarnación, nunca sabe explicar nada de un modo sencillo.»

La persistencia de la palabra y su distorsión es el núcleo mismo de la técnica narrativa de Joyce. Como en un sueño, el sonido de un término leído se reitera, se expande, se transforma, distorsiona el sentido. Es el lenguaje de alguien que repite una palabra que forma parte de su memoria verbal, sin comprender su sentido, retorciéndolo. Al expandir esa técnica Joyce va a renovar la lectura de la ficción.

EL DESPERTAR DE MOLLY

En el *Ulysses*, leer es asociar y la lectura se mezcla con la experiencia, busca emociones, sentimientos, formas corporales. La forma de *Dubliners* estalla. El sentido se ha fragmentado. La lectura se define por lo que no se entiende, por las asociaciones que rodean las palabras, por los virajes y los cortes. La percepción distraída de la que habla Benjanmin como clave de la experiencia en la ciudad se

174

traslada a la textura del relato. Si volvemos a la escena entre Molly y Bloom quizá encontremos la representación de ese modo de leer, su resto diurno.

Recordemos que Molly acaba de despertarse y le pide a Bloom que busque el libro que ella ha estado leyendo durante la noche. Él lo busca entre las cobijas:

> Siguiendo la señal que [Molly] le hacía con un dedo, él sacó de la cama una pierna con sus calzones sucios. ¿No? Luego una retorcida liga gris enrollada en una media: planta arrugada y lustrosa.
>
> —No: ese libro.
>
> Otra media. Su falda.
>
> Él palpó aquí y allá. [...] No está en la cama. Debe haberse resbalado. Se agachó y levantó la colcha. El libro, caído, estaba abierto contra la curva del orinal fileteado de naranja.
>
> —Déjame ver —dijo—. Puse una señal. Hay una palabra que quería preguntarte.
>
> Tomó un trago de té de su taza sostenida del lado sin manija y, habiéndose limpiado la punta de los dedos elegantemente sobre la frazada, recorrió el texto con una horquilla hasta que llegó a la palabra.
>
> —¿Meten si qué? —le preguntó él.
>
> —Aquí —dijo ella—. ¿Qué quiere decir?
>
> Se inclinó hacia adelante y leyó cerca de la lustrada uña de su pulgar.
>
> —¿Metempsicosis?

En el inicio de la escena quedan los restos de esa lectura apasionada, íntima. Lo que nos interesa son los detalles materiales que rodean a la lectura y a sus efectos. Porque esos detalles (la cama revuelta, la ropa interior, el libro sobre el orinal, la horquilla, la uña pintada) remiten al tipo de mundo implícito en *Ulysses* y a la novedad que Joyce trae a la ficción.

Por de pronto, Molly está en la serie de la mujer infiel que lee como lee Anna Karenina, pero otra clase de libros y en otro registro, porque Molly no es una dama (o es otro tipo de dama, en todo caso). En el acto de leer, la acompaña todo lo que Anna Karenina ha desplazado: lee desnuda en la cama, lee literatura barata y semipornográfica. La suya es una lectura baja y pasional (acaba de esconder bajo la almohada la carta que recibió de su amante, al que verá esa tarde).

Se trata de una escena de lectura que podríamos llamar doméstico-corporal. Está vinculada al erotismo, a los restos de la noche, a la pasión, el sadismo, la infidelidad. La lectura está en continuidad con los cuerpos, no los ignora, los integra: basta pensar en la escena inmediatamente anterior en la que Leopoldo Bloom está leyendo el periódico en la letrina («permitió que sus intestinos se descargaran calmosamente mientras leía, leyendo todavía pacientemente, esa ligera constipación de ayer completamentre desaparecida»). Desde luego, la obscenidad y vulgaridad de las que el libro fue acusado están reproducidas ahí como en un espejo.

Por otro lado, se trata de una lectura degradada, baja, sexualizada, excluida de «la literatura». «¿Lo terminaste?», pregunta Bloom a Molly cuando está con el libro en la mano, tratando de explicarle el sentido de la palabra y dando vuelta «las páginas sucias». El libro es *Ruby; el orgullo del circo*. «Sí», contesta Molly, «no tiene nada de obsceno. ¿Está ella enamorada del primer tipo siempre?» Bloom, que no lo ha leído, no puede responderle, pero se ofrece a buscarle un nuevo libro. Molly se entusiasma: «Consigue

176

otro de Paul de Kock. Tiene un lindo nombre [...] Tengo que reponer ese libro en la biblioteca de la calle Capel o escribirán a Kearney, mi fiador.»

Son libros alquilados, de bajo precio. De hecho, podríamos seguir esa serie a lo largo de la novela. Bloom, «el loco de los saldos», Bloom en los puestos de venta de libros usados, ojeando libros eróticos para Molly, deteniéndose en *Las dulzuras del pecado*, incluso en una edición barata de Sader Masoch. Se trata, ya lo dijimos, de la lectura popular, de la literatura de consumo barato, relacionada con las librerías de viejo y las bibliotecas circulantes.

Rastros de un modo de leer que no se exhibe sino que se esconde o se muestra en la intimidad, la lectura está sexualizada, ligada a la vez a los cuerpos y a la fantasía, mezclada con la vida en su sentido más directo.

El monólogo de Molly que cierra la novela no se entiende sin esa lectura nocturna de los libros obscenos. En un sentido, podríamos decir que la novela es un viaje por la lectura nocturna de Molly. (¿En qué piensa el que lee? Ya vimos eso en Kafka.) La lectura nocturna de una mujer en la cama que se erotiza y entiende a medias, divaga y se deja ir. Una lectura doblemente relacionada con el sueño, porque es un despertar y por el modo de construir la significación. La mala lectura, la ensoñación, las interferencias corporales. El equívoco, la distorsión. Las resonancias casi musicales de las palabras. El sonido que define el sentido. Los usos privados del sentido.

Hay algo onírico, del orden del sueño, no sólo porque Molly está medio dormida durante toda la escena, sino por el modo en que se construye la significación. La metempsicosis funciona como un nudo entre el sueño y la realidad, entre dos mundos paralelos, entre la lectura y la vida.

Lo mismo encontramos en Proust: basta pensar en otra escena fundadora, en otra lectura entredormida, en la cama, otro comienzo, la primera frase de la *Recherche*. Marcel se duerme, se despierta, tiene el libro al lado. Y también aparece la metempsicosis.

«Durante mucho tiempo me acosté temprano. [...] trataba de dejar el libro que creía aún tener entre las manos y soplar la llama; mientras dormía no había cesado de reflexionar sobre lo que acababa de leer; pero esas reflexiones habían tomado un sesgo un poco peculiar [...] *como en la metempsicosis* los pensamientos de una existencia anterior, el tema del libro se desprendía de mí, y quedaba en libertad de aplicarme o no a él.» (La cursiva es mía.)

En los dos casos, la metempsicosis es una metáfora de los efectos de la lectura, las vidas posibles, las vidas deseadas, las vidas leídas. El tema del libro que se lee se autonomiza, como una vida paralela. La lectura produce una escisión, un desdoblamiento.

En los dos casos, tenemos una lectura baja, pasional, infantil, femenina, sexualizada, que se graba en el cuerpo.

Y están también el sueño y el entresueño, la lectura como un modo de soñar despierto, como sueño diurno, como entrada en otra realidad. (Cuánto dura la lectura en un sueño, la pregunta de Joyce, podría ser también la de Proust.)

Por otro lado, ya no se trata de la lectura aislada, librada de la contaminación, hay un nuevo modo de leer la ficción. Y sobre todo una nueva relación entre la lectura y la vida. «Cerraba el libro y se dejaba simplemente vivir», dice

Borges de Dahlmann en una escena de la que ya hemos hablado. Allí la lectura se enfrentaba a la vida. En Joyce, en cambio (pero también en Proust), se trata de hacer entrar la vida, la sintaxis desordenada de la vida, en la lectura misma. No ordenar, dejar correr el flujo de la experiencia. El sentido avanza, como en un sueño, en una dirección que no es lineal. La lectura se fragmenta. No se va de la ficción a la vida, sino de la vida a la ficción. Lectura y vida se cruzan, se mezclan. Se quiebra el sistema de causalidad definido por la lectura tradicional, ordenada y lineal.

Este modo de leer está definido por una técnica que, lejos de ordenar, tiende a reproducir el caos y a producir otra causalidad, una corriente de experiencias no diferenciadas. Los acontecimientos se cuentan mientras suceden, el tiempo es el presente del indicativo. La lectura se define por lo que no se entiende, por las asociaciones que la rodean, por los virajes y los cortes. Lo que circunda a la lectura y la manera en que se despliegan los núcleos dan lugar a un nuevo estilo, a un nuevo modo de narrar y a otra sintaxis narrativa. Por eso el insomnio define, para Joyce, al lector, ya que se trata del cruce entre la lectura y sueño. En el *Ulysses*, leer es asociar y narrar la vida a partir de partículas mínimas, de palabras que resuenan. Son las palabras mismas las que concentran ese efecto. Veamos otro ejemplo.

LA PAPA IRLANDESA

La aparición reiterada y enigmática de un motivo verbal que recorre todo el libro puede ilustrar el trabajo de Joyce y su concepción de la lectura. Se trata de una papa

–la palabra «papa», desde luego– que, a diferencia de la metempsicosis, escapa del cielo griego y se arraiga en suelo irlandés. El ejemplo, breve e interesantísimo, concentra el modo en que Joyce construye el relato y también postula su modo de leer.

Recordemos que Bloom, poco antes de la escena que hemos analizado, está por salir a la calle. Su mujer todavía duerme. Ya en el umbral, se tantea el bolsillo trasero del pantalón para ver si trae la llave, pero se la ha olvidado: en el bolsillo sólo encuentra una papa. *«Potato I have»*, «La papa la tengo», dice el texto. La llave ha quedado en otro pantalón, pero como el ropero cruje y Bloom no quiere despertar a Molly, deja la puerta entornada y se va sin ella.

«On the doorstep he felt in his hip pocket for the latchkey. No there. In the trousers I left off must get ir. Potato I have. Creaky wardrobe. No use disturbing her» (edición de Penguin, 1992, p. 67).

La frase que pronuncia Bloom, *«Potato I have»*, no parece tener sentido ninguno. Por eso es lógico que Salas Subirat, el primer traductor del *Ulysses*, el mejor y el más joyceano hay que decir, el que mejor transmite los tonos de su prosa, no entienda esa primera aparición de la papa y la traduzca de acuerdo con otro contexto (el suyo, no el de Bloom).

«En el umbral se palpó el bolsillo trasero del pantalón buscando el llavín. No está. En los pantalones que dejé. Hay que buscarlo. Soy un zanahoria. El ropero cruje. No vale la pena que la moleste» (traducción de Salas Subirat, edición de Santiago Rueda, 1945, p. 59).

«Soy un zanahoria», traduce, como refiriéndose al olvido de la llave. El sentido surge por contigüidad, de la coherencia interna de la frase: del olvido, una tontería, resulta «zanahoria». La traducción funciona, repone un sen-

180

tido, pero Salas Subirat lee mal (está obligado a leer mal, podría decirse, obligado a asociar en su propio contexto).

Porque lo que aquí está en juego es el procedimiento de la palabra perdida. Se alude a algo que no tiene explicación y compone una cadena que se comprende luego de haber recorrido el texto. Joyce siempre trabaja con el sobreentendido: Bloom no necesita explicarse lo que ya sabe, es decir, por qué o para qué tiene una papa en el bolsillo. Cuando Salas Subirat traduce «zanahoria», revela la misma sorpresa que sufre el lector que no ha leído todo el texto y no puede establecer la conexión, que sólo es posible al releer: para entender hay que leer todo el libro.

Quiero decir que para comprender esa expresión hay que avanzar en la lectura de la novela y seguir un hilo, unas hebras que se pierden en el texto. Y ése es, por supuesto, el modelo de lectura implícito en el *Ulysses*. El sentido depende del relato y es siempre un punto de fuga.

La papa hace otra aparición al mediodía, cuando Bloom sale a la calle luego de comer un sándwich de queso gorgonzola y tomar un vaso de vino en el bar de Davy Byrne. «*After two.*» «Las dos pasadas.» Cruza la calle Kildare, para ir a la biblioteca, y ve a Blazes Boylan, el amante de su mujer que va al encuentro de Molly, y lo esquiva y se desvía hacia el museo. Cuando está a punto de entrar, busca el jabón que ha comprado para bañarse. Entonces revisa nuevamente el bolsillo, y junto con el diario y otras cosas que ha comprado encuentra el jabón. Y en el bolsillo vuelve a aparecer la papa.

«*I am looking for that. Yes, that. Try all pockets. Hendker.* Freeman. *Where did I? Ah, yes. Trousers. Purse. Potato. Where did I?* (Penguin, p. 234).

Y Salas Subirat traduce así: «Estoy buscando eso. Sí,

181

eso. Probemos en todos los bolsillos. Pañue. *Hombre Libre*. ¿Dónde lo? ¡Ah, sí! Pantalones. Zanahoria. Portamonedas. ¿Dónde lo?» (Santiago Rueda, p. 196).

La papa no tiene ninguna función, parece el objeto de un sueño, sin sentido para el lector (pero, desde luego, sí para Bloom). Y otra vez Salas Subirat traduce «zanahoria». Aunque la palabra no le sirve ahora para caracterizar claramente a Bloom, debe seguir el sentido que ha definido antes. Y por lo tanto Bloom sigue siendo un tonto, un zanahoria. (En honor de Salas Subirat, debemos señalar, sin embargo, que tiende a no suprimir la palabra que no entiende, la lee siempre en otro contexto; en esta frase sólo invierte el orden de las palabras en el original, pone primero *Potato* y luego *Purse).*

Para encontrar una primera pista a la enigmática aparición de la papa, hay que llegar al capítulo del hospital. En medio de una confusa circulación de voces (la página entera es una sucesión de fragmentos que no se sabe quién pronuncia), alguien dice que la papa sirve para el reuma. *«Sir? Spud against the rheumatiz? All poppycock, you'll scuse mesaying»* (Penguin, p. 557).

En la confusión distinguimos la palabra *spud,* uno de los tantos nombres de la papa en el argot irlandés. ¿Papas contra el reuma? Desde luego, Salas Subirat no puede seguir ese sentido y cambia el texto: «¿Señor? ¿Vuelve a pinchar el reuma? Todo farsa, perdóneme que se lo diga» (Santiago Rueda, p. 448).

Por fin, hacia el final, en el gran capítulo del prostíbulo, se revela una conexión entre la papa y la madre de Bloom y se descifra el enigma. Primero se le aparece a Bloom el espíritu de su madre Ellen. Está desolada al ver a su hijo en ese estado y revuelve en sus enaguas en busca de su frasco de sales:

«*She hauls a reef of skirt and ransacks the pouch oh her striped blay petticoat. A phial, and Agnus Dei, a shrivelled potato and a celluloid doll fall out*» (Penguin, p. 569).

Y ahora Salas Subirat traduce bien. «Alza la pollera y hurga la bolsa de su enagua cruda a rayas. Una redoma, un Agnus Dey, una papa marchita y una muñeca de celuloide caen afuera» (Santiago Rueda, p. 464).

La madre de Bloom lleva entonces, ella también, una papa contra el reuma. Luego, una de las chicas encuentra la papa de Bloom y Salas Subirat desde luego también..., Cuando Zoe Higgins («joven puta») lo acaricia, de pronto toca algo y dice:

ZOE: *I feelt it.*
(Her hand slides int his left trouser pocket and brings out a hard black shrivelled potato. She regards it and Bloom with dumb moist lips.)
BLOOM: *A Talisman. Heirloom.*
ZOE: *For Zoe? For keep? For being so nice, eh?*
(She puts the potato greedily into a pocket...) (Penguin, p. 599).

Y Salas Subirat traduce (Santiago Rueda, p. 503):

ZOE: Lo siento.
(Su mano se desliza en el bolsillo izquierdo de su pantalón y saca una papa negra dura arrugada. Con los labios húmedos, contempla a Bloom y a la papa.)
BLOOM: Talismán. Una herencia.
ZOE: ¿Es para Zoe? ¿Para que se la guarde? ¿Por ser tan buenita, eh?
(Se apresura a meterse la papa en un bolsillo...)

Luego Bloom le ruega a la chica que le devuelva la papa (Penguin, p. 663):

BLOOM (gently): *Give me back the popato, will you?* *[...]* (With feeling) *It is nothing, but still a relic of poor mamma [...] There is a memory attached to it. I should like to have it.*
[...]
ZOE: *Here.* (She hauls up a reef of her slip, revealing her bate thight and unrolls the potato from the top of her stocking.)

En la versión de Salas Subirat, se lee (Santiago Rueda, p. 586):

BLOOM *(amablemente):* Devuélveme esa patata, ¿quieres? [...] *(Con sentimiento).* No vale nada, pero es una reliquia de la pobre mamá [...] Es un recuerdo. Me gustaría tenerla.
ZOE: Tómala. *(Levanta una orla de su vestido, mostrando el muslo desnudo, y desenvuelve la patata de la parte superior de la media.)*

De modo que viene de su madre la fe en la virtud curativa de las papas. Mucho antes nos hemos enterado de que Bloom sufre de reuma. «Acabo de sentir en este instante una punzada de ciática en mi músculo glúteo izquierdo. Viene de familia.»

Hay que recorrer todo el libro, entonces, para saber que la papa, que constituye un tema en la novela, está vinculada con una tradición irlandesa que Bloom ha heredado de su madre: sirve para curar dolores reumáticos, él la usa tanto como ella lo hacía y siempre lleva una consigo.

Es capaz de olvidarse de las llaves de su casa pero nunca de la papa.

Dos cuestiones, laterales pero significativas, me gustaría señalar. Por un lado el propio Joyce, a quien el reuma de hecho le produjo la ceguera, llevaba siempre una papa en el bolsillo. «Michael Healy, su tío, al enterarse de que Joyce padecía reumatismo le aconsejó que llevara siempre una papa consigo para protegerse de la enfermedad», cuenta Brenda Maddox en *Nora,* la biografía de la mujer de Joyce. Y, por otro lado, la papa es una clave de la historia social de Irlanda, la base de la alimentación de las clases populares. Como hace saber John Percival en su libro *Great Famine Ireland's Potato Famine, 1845-1851,* fue una peste en el cultivo de la papa lo que produjo la gravísima crisis que llevó masivamente a los irlandeses católicos a emigrar a los Estados Unidos. Los protestantes de clase media llamaban cerdos a los católicos porque comían siempre papa y los acusaban de probar el trigo sólo los domingos con la hostia. En la tradición de los católicos irlandeses a la que pertenecía Joyce, la papa condensaba cualidades múltiples.

EL RÍO JOYCE

Las reiteradas alusiones a la papa que hemos rastreado componen una serie imposible de seguir sin volver atrás, revisar y explorar las páginas. Para entender sólo se puede releer, marcar, investigar, seguir un vestigio en el papel. No se trata de la memoria (salvo la de Joyce, que al corregir agregaba esas series secretas); no se pueden recordar las asociaciones. Se trata de la lectura, o más bien de un tipo

185

de lectura. Joyce no hace lo que haría cualquier narrador (decir, por ejemplo, que Bloom llevaba en el bolsillo la papa contra el reuma), jamás explica, más bien expande y disuelve las relaciones, disgrega el sentido. Ha decidido no formalizar ni definir una intriga en el *Ulysses;* la forma surge ahora del material y obedece a una lógica que repite el desorden de la experiencia. El sistema único y lineal de lectura implícito en *Dubliners* está ausente en la novela.

El relato ha quedado sometido a la lógica interna de una lectura intensa (y extrema). El que usa el lenguaje se refiere a acontecimientos que sólo él conoce, a sensaciones inmediatas y personales, utiliza palabras que tienen una fuerte significación subjetiva, como si no hubiera otro que pudiera comprenderlo.

«En poesía, como en cualquier otra forma de discurso, el destinatario importa tanto como el que habla», ha escrito Joseph Brodsky. En el *Ulysses,* el estilo no parece tener un destinatario definido; como si se tratara de la notación secreta de un diario íntimo, aquel que está consignando los acontecimientos ha cortado por completo con la posibilidad de explicitar el contexto en el que sucede cada uno de los hechos que registra.

Podríamos decir que la ilusión de un lenguaje privado es la técnica de construcción básica del *Ulysses* (para no hablar de *Finnegans Wake).* Cada expresión verbal acarrea para los personajes un pasado, una significación, una tradición, y el lector asiste a un juego de alusiones y referencias no explicitadas que podemos vincular con las ideas de Wittgenstein sobre el lenguaje privado. De hecho, Wittgenstein, que consideraba que el lenguaje privado era imposible (todo lenguaje implica otro, aunque el otro no pueda comprenderlo), lo remitía a la práctica estética.

Joyce llega más lejos que nadie en la ilusión de escri-

186

bir con una lengua propia. En esa línea describe un doble movimiento: al tiempo que corta las conexiones y cifra el sentido, tiende a disolver la figura del narrador, que es quien establece los nexos y la continuidad. Podría decirse que Joyce deriva hacia el lector la función ordenadora del narrador. O, mejor, el escritor pone al lector en el lugar del narrador. Un lector inspirado que sabe más que el narrador y que es capaz de descifrar todos los sentidos, un lector perfecto.

Paradójicamente, la representación narrativa de ese modo de leer se encuentra en una novela de Tolstói (que debe ser el novelista más claro y atento a especificar todos los contextos que haya existido) y quizá con esa escena podemos teminar este viaje en busca del lector.

Se trata de un pasaje de *Anna Karenina*, un pedido de mano, un segundo pedido de mano digamos mejor. Levin y Kitty, que se desencuentran en el largo principio de la novela y que por fin se casarán y serán un ejemplo –al menos para Tolstói y también para Nabokov, hay que decirlo– de una pasión duradera y de un matrimonio feliz, se unen en una íntima escena de lectura.

Levin, a quien Kitty ha rechazado en su primera propuesta de matrimonio, lo vuelve ahora a intentar.

–Hace un tiempo que quiero preguntarle una cosa –añadió [Levin] mirando directamente los ojos acariciantes, aunque asustados, de la joven.

–Pregúntela por favor.

–Aquí la tiene –dijo; y escribió las iniciales *c. d. q. n. p. s. q. d. n. o. s. e.* Estas letras significaban: «Cuando dijo que no podía ser, ¿quiso decir nunca, o sólo entonces?» No era probable que ella pudiese descifrar una frase tan complicada: pero él la miró como si su vida dependiese de si ella comprendía esas palabras. [Tolstói no deja nada sin explicar, como vemos aquí.]

Kitty lo miró seriamente, apoyó en la mano la frente cejijunta y empezó a leer. Le miró un par de veces de soslayo como preguntándole: «¿Es esto lo que me parece que es?»

–He comprendido –dijo ruborizándose.

–¿Qué significa esto? –preguntó él, señalando la *n* que representaba la palabra nunca.

–Significa nunca –repuso ella– pero no es verdad.

La escena revela un uso extraordinario de la lectura como clave del desciframiento del secreto. La intimidad de una lectura reconstruye un lenguaje cifrado en este párrafo. El lector avanza a ciegas para reconstruir un sentido perdido y lee siempre en el texto los indicios de su propio destino.

Joyce llegó más lejos que nadie en ese viaje, inventó la figura del lector final, el que se pierde en los múltiples ríos del lenguaje. A eso se refería Beckett, me parece, cuando salió al cruce de los críticos de los últimos textos de Joyce. «No pueden quejarse de que no esté escrito en inglés. Ni siquiera está escrito. Ni siquiera es para ser leído. Es para mirar y para escuchar.» Pocos han llegado hasta ahí; todos emprendemos siempre una navegación preliminar por el delta del río Joyce y encontramos, en alguna de las islas perdidas, un Robinson que entretiene sus ocios y combate su soledad leyendo un libro escrito en todas las lenguas como si fuera el último.

EPÍLOGO

Desde el principio este libro ha estado para mí secretamente unido a *The Last Reader*, la canción de Charles Ivens basada en el poema de Oliver Wendell Holmes que usé en el epígrafe. Cada vez que la escuchaba a lo largo de los años pensaba escribir una historia inspirada en ese tema. Al fin el resultado de ese proyecto fue este libro hecho de casos imaginarios y de lectores únicos.

En toda la novela nunca vemos a don Quijote leer libros de caballería (salvo en la breve y maravillosa escena en la que hojea el falso *Quijote* de Avellaneda donde se cuentan las aventuras que él nunca ha vivido. II, 59). Ya ha leído todo y vive lo que ha leído y en un punto se ha convertido en el último lector del género. Hay un anacronismo esencial en don Quijote que define su modo de leer. Y a la vez su vida surge de la distorsión de esa lectura. Es el que llega tarde, el último caballero andante.

En la carrera de la filosofía gana el que puede correr más despacio. O aquel que llega último a la meta, escribió Wittgenstein.

El último lector responde implícitamente a ese programa. Su lectura siempre es inactual, está siempre en el límite.

189

Claro que el lector de la literatura no es un filósofo, su lentitud es de otro carácter, los signos lo llevan en otra dirección. La linterna de Anna Karenina no es la lámpara de Diógenes. Hay otra claridad, otra oscuridad, se busca el sentido en otra parte.

La figura del último lector es múltiple y metafórica. Sus rastros se pierden en la memoria.

Desde luego este libro no intenta ser exhaustivo. No reconstruye todas las escenas de lectura posibles, sigue más bien una serie privada; es un recorrido arbitrario por algunos modos de leer que están en mi recuerdo. Mi propia vida de lector está presente y por eso este libro es, acaso, el más personal y el más íntimo de todos los que he escrito.

R. P.
12 de enero de 2005

ÍNDICE